当代中国教育改革与创新书系
总主编 **朱永新**

# 中外合作办学
## 高等教育的新探索

## Exploring Future Education
### The Practice of Sino-Foreign Cooperative Universities

席酉民 主 编
张晓军 副主编

中国人民大学出版社
· 北京 ·

# 总 序

## 见证中国教育的成长

改革开放40年以来，中国发生了翻天覆地的变化。40年前的1978年，中国的国内生产总值（GDP）只有3 600多亿元；2017年，中国的GDP达827 122亿元，增长了近230倍。中国奇迹、中国速度、中国故事，已经成为世界关注的重要话题。

在中国奇迹、中国速度的背后，中国教育的贡献是不言而喻的。如果没有中国教育为中国经济的发展提供重要的人力资源与智力支撑，这一切是不可能发生的。但是，中国教育一直没有引起真正的关注，直到一个偶然的事件，中国教育才为世界所瞩目。

2009年，上海学生代表中国首度参加经济合作与发展组织（OECD）的国际学生评估项目（Programme for International Student Assessment，PISA）就拿了一个大满贯，包揽了数学、阅读和科学3个冠军。2013年，上海学生以数学613分、阅读570分和科学580分的成绩，在所有65个国家（地区）中位居第一，再次夺魁。这一次，86.8%的上海学生的成绩达到或超过OECD的平均成绩494分，呈现出上海义务教育校际差异小、均衡程度高的特点。一时间，“养在深闺人未识”的中国教育成为世界教育的焦点。许多关注中国教育的人不断追问：“上海为什么能?”“中国教育到底有什么秘密武器?”

一直埋头学习别国教育的我们，也开始仔细地打量自己。有着重视教育的深厚文化传统的中国，这些年来，在“穷国办大教育”的背景下，用世界最快的速度推进了学前教育，普及了义务教育，实现了高等教育的大众化。中国教育的悄然变革，让我们也重新认识了自己。

在国家教育投入上，中国的教育投入连续多年占 GDP 的比重达 4%，2016 年中国教育经费总投入已达 3.89 万亿元，其中国家财政性经费投入首次超过 3 万亿元。

在教育普及上，2016 年，中国的学前教育毛入园率为 77.4%，小学净入学率为 99.9%，初中毛入学率为 104%，九年义务教育巩固率为 93.4%，高中阶段毛入学率为 87.5%，高等教育毛入学率为 42.7%。这些数据均超过中高收入国家的平均水平。

在信息化建设上，全国中小学生基本实现了电子学籍管理，各级各类学校互联网的接入率，从 2012 年的 20%左右，增加到 2017 年的 90%多。6.4 万个教学点实现数字教育资源全覆盖，惠及 400 多万偏远农村地区的孩子。

在推进教育公平上，90%以上残疾儿童享有受教育机会，80%以上的农民工随迁子女在流入地公办学校就学。全国 2 379 个县（市、区）通过了义务教育发展基本均衡督导评估，约占全国总数的 81%，11 个省份整体通过。高考录取率最低省份与全国平均水平的差距从 2010 年的 15.3%缩小至 2017 年的 4%以内。

在教育国际化上，我国已成为世界第三、亚洲最大的留学目的国，来华留学人员突破 44 万人，生源地国家和地区总数为 205 个。80%的出国留学人员选择了毕业后回国发展、为国服务。我国已与 188 个国家和地区建立了教育合作与交流关系，与 46 个重要国际组织开展了教育交流，与 47 个国家和地区签署了学历学位互认协议。

我们每个人都见证了中国经济的高歌猛进和中国教育的快速成长。40 年来，中国的教育成就是全方位、开创性的，中国的教育变革是深层次、根本性的。从“有学上”到“上好学”，从普及教育到均衡发展再到内涵发展，从教育大国迈向教育强国，中国教育进入了一个新时代。

在看到这些成就的同时，我们也要清晰地意识到中国教育面临的困难与问题，看到人民群众日益增长的对于美好教育的需求与我们教育自身发展的不均衡、不充分之间的矛盾，看到中国教育与世界先进国家教育之间的差距。

看到，是一种见证。见证，是为了建设。这就是我们编写“当代中国教育改革与创新书系”的初衷。一方面，我们希望通过这套丛书系统总结中国改革开放 40 年以来教育发展的经验和教训，梳理我们在幼儿教育、基础教育、职业教育、高等教育、国际教育，以及区域教育改革和民间教育实验等方面取得的成果；另一方面，我们希望把中国教育正在发生的故事介绍给世界，让世界了解真实的中国教育，并在与世界交流的过程中丰富和完善我们自己的教育。

“当代中国教育改革与创新书系”是一套开放的丛书，既有宏观层面的研究，也有微观层面的叙事。丛书既囊括了荣获首届“基础教育国家级教学成果特等奖”的情境教育，又分享了在全国具有广泛影响力的新教育实验的最新成果；既介绍了在科技不断发展和互联网革命背景下不断快速发展的职业教育、国际教育，也总结了日新月异的家庭教育、学前教育进程；既以在 PISA 评比中崭露头角的上海教育为典型探讨了如何通过教师教育培训提升教学质量，也分析了海门作为县级市在改变区域教育生态方面所做的内容和制度创新。我们希望尽可能全面地反映改革开放 40 年以来中国教育改革与创新的成果，但由于多种原因，难免有遗珠之憾，因此，欢迎各个领域的专家积极联系我们，为我们出谋划策，提出宝贵建议，帮助我们发现优秀的教育案例与故事，也欢迎读者毛遂自荐提供相关的素材，更欢迎相关专家指导和参与这套丛书的编写工作。

**朱永新**

于北京滴石斋

2018 年 6 月 4 日

# 序

随着全球化发展在教育领域的不断深入，国际化已经成为当前国家和大学层面的重要发展战略。我国的高等教育国际化经历了独特的历程，今天，大学的国际化不仅被看作大学发展的重要途径，而且已经上升为国家推动教育改革和创新的重要抓手。特别是中外合作办学，以引进国外优质教育资源为使命，致力于通过学习先进的经验来改进国内的实践，已经取得了可喜的成果。本书讨论了大学国际化在我国当前全面深化教育改革阶段的历史定位，以及中外合作办学作为一种国际化方式，对我国高等教育的改革和创新提供的借鉴和启示。

## 一、理解本书内容的重要背景

本书的写作基于中外合作办学多年发展所取得的重要地位和良好发展局面，这一背景是理解本书核心内容和观点的重要基础。

### 1. 中外合作办学是国家发展教育独特而重要的组成部分

改革开放以来，教育对外开放初步形成了全方位、多层次、宽领域的格局。中外合作办学作为一种直接、深度引入国际优质教育资源的办学形式，对推动我国全面深化教育改革，拓宽人才培养途径，促进教育对外开放有重要价值，并在一定程度上满足了人民群众多样化的教育需求。

党和国家坚持把全面深化改革作为教育发展的基本

战略。教育开放特别是中外合作办学，是促进教育改革的重要手段，而旨在加深多边合作和文化交流的“一带一路”倡议，更是为中外合作办学的发展创造了新的机遇。提升中外合作办学水平成为新时期国家发展的重要抓手。《关于做好新时期教育对外开放工作的若干意见》以及《推进共建“一带一路”教育行动》等明确提出通过提升中外合作办学质量来促进国家教育改革的战略。2016年，全国人大审议通过了新修改的《民办教育促进法》，教育部也积极组织力量研究修订《中外合作办学条例》及《中外合作办学条例实施办法》，这些举措无疑会进一步优化中外合作办学的政策和法律环境，为中外合作办学的规范化和可持续发展奠定基础。

### 2. 中外合作办学已经形成持续发展的良好局面

第一，中外合作办学已经从初期的引进、消化、吸收迈入融合和创新的发展新阶段。改革开放以来，中外合作办学活动在社会逐渐开展起来，合作成立了南京大学-约翰斯·霍普金斯大学中美文化研究中心等中外合作办学机构。为更好地适应高等教育国际化发展需求，2003 年，国务院发布《中外合作办学条例》，2004 年，教育部出台《中外合作办学条例实施办法》。随着指导性文件的发布和出台，中外合作办学进入快速发展时期，中外合作办学规模不断扩大，短短 10 多年间出现了数以千计的项目和机构，引入了大量优质教育资源并成功吸收到中国的教育体系中。近年来，随着国家全面深化改革进程的深入推进以及“一带一路”倡议的实施，中外合作办学也进入“提质增效、服务大局、增强能力”的发展新阶段，更加注重中西教育优势的融合，以及针对未来经济社会需求的大学教育创新。

第二，中外合作办学已经基本形成层次多样、地区分布广泛、合作国家众多的良好局面。截至 2017 年底，经审批的各类中外合作办学项目和机构共 2 539 个，其中本科及以上层次项目和机构 1 248 个，高职高专层次项目和机构 928 个。全国共有 28 个省（区、市）开展了中外合作办学活动。在已成立的中外合作办学机构中，从办学层次看，有 69 个机构提供本科教育，34 个机构提供硕士及以上的教育，11 个机构同时提供本科和研究生教育；从机构属性看，二级学院性质的机构共 83 个，拥有独立法人资格的机构共 10 个，除长江商学院之外其余都以本科教育为主，包括美国、英国、法国、德国在内的国家（地区）的 500 多所高校与中国的高校开展了合作办学，合作方主要集中在欧美发达国家或地区，其中与英国高校合作办学的数量位列榜首，其次是美国、澳大利亚、俄罗斯、加拿大。

第三，中外合作办学初步形成了规范化、可持续的合作模式和治理机制。目前中外合作办学的合作模式包括独立法人机构、二级学院、项目和教学中心四种。这些模式一方面充分保障了中方合作机构和教育管理部门对教育权的管控，另一方面通过设置相对灵活的体制机制，确保了中外合作办学能够融合中西教育优势形成创新的教育模式和实践。

### 3. 中外合作办学在推动全面深化教育改革进程中发挥重要作用

《中外合作办学条例》正式实施以来，中外合作办学规模迅速扩大，社会关注度、信誉度、品牌度也不断提升，社会影响力持续扩大，对促进教育改革发展的作用日益明显，对社会经济发展的贡献进一步突显。

第一，中外合作办学为国内外学生选择国际化教育提供了机会，促进了教育资源的多样化。据不完全统计，目前，各级各类中外合作办学在校生总数约55万，其中高等教育阶段在校生约45万人，占全日制高等学校在校生规模的1.4%，高等教育阶段中外合作办学毕业生超过150万人。各级各类中外合作办学项目和机构丰富了我国教育供给，增加了受教育机会，满足了人民群众日益增长的多样化教育需求。调查数据显示，中外合作办学学费总体较出国留学低，年学费平均约为3万元，而赴英国、美国、加拿大等国自费留学，年学费平均约为12万元。按高等教育阶段中外合作办学在校生45万人中一半出国留学测算，当年学费支出将节约200亿元左右。通过中外合作办学，吸引国外教育资源和国内社会资源投向教育，推动了办学体制改革，实现了学生不出国也能享受国际水准的教育，扩大了国内教育消费，也降低了学生的教育支出。

第二，中外合作办学以学生为中心的理念切实提高了人才培养质量。中外合作办学的人才培养，融合了中外育人体系的优势，同时根据中国环境和中国学生的特点，创造性地把学生的学习和健康成长作为办学的核心，把培养具有国际视野和国际交往能力的人才作为独特的育人目标，育人成果丰硕。中外合作办学的毕业生广受国际国内用人机构的青睐，毕业生遍布世界一流大学、跨国企业、外资企业、国有企业、政府等。同时，中外合作办学给予学生在校期间充分的自由，尊重学生的兴趣，激发了学生创业创新的意识，加上学校强大的资源支持，培养了一大批优秀的青年创业人才。

第三，中外合作办学成为推动教育国际合作、加强国际人文交流的重要机制。中外合作办学通过举办各种文化节、短期游学等项目，为国外留学生和教育界提供了了解中国的窗口。中外合作办学在教材引进、教师培训、学生交换、联合研究等方面搭建了稳固的平台，显著提升了教育国际化水平。同时，中外合作办学的开展为实施“一带一路”教育行动提供了强有力的支撑，进一步强化合作双方教育界的互联互通工作，丰富中外人文交流，促进民心相通。

第四，中外合作办学有力地推动了我国高等教育的国际化，提升了我国教育的国际影响力。中外合作办学为学生和教师提供了参与国际竞争、在国际舞台上大放异彩的平台和机会。我们欣喜地看到，中外合作办学的学生与国际一流大学的学生在国际大赛中同台竞技并且总能取得优异的成绩，中外合作办学的学生更加积极主动地登上诸如哥本哈根世界气候大会等国际舞台，或者参与到国内外的志愿者服务行列中，展现了中国大学生勇于担当的责任感和积极参与国际事务的使命感。比如，通过引进国外优质的新兴学科专业，促进了我国高等教育专业结构的不断优化；通过引进国外先进的教育理念、教学模式以及教材资源，助力高校课程与教学的国际化。

第五，中外合作办学的办学实践已经成为推动国内教育改革的重要力量。基于中外合作办学体制机制灵活并且融合中西教育模式的优势，中外合作办学在办学理念、育人模式、治理结构、管理体系、学生支持等方面都探索出独具特色的做法和模式，并对国内高等教育的全面深化改革产生了巨大的推动力量。例如，西交利物浦大学等中外合作办学机构以学生为中心，关注学生学习和成长的理念、丰富的学生活动和支持、小班化研讨式的授课模式、参与式的多元治理模式、扁平化的管理体系等新探索新实践已经被证明是深化教育改革的有效举措，并且通过校际交流、会议论坛、培训研讨等成为国内教育改革的重要参考和借鉴。

#### 4. 继续深化融合和创新中外合作办学水平

当前，全面深化改革和“一带一路”倡议等为中外合作办学的发展提供了新的历史机遇，同时也带来新的挑战。

一是进一步完善中外合作办学的制度和法律环境。自开展中外合作办学以来，教育主管部门先后出台了包括《中外合作办学条例》在内的多项制度和政策，极大地指导了中外合作办学的有序发展。然而，随着中外合作办学的深入发展和我国社会形势的复杂变化，当前中外合作办学在税收、资源分配和组织身份等诸多方面缺乏规范性，迫切需要教育主管部门制定针对性的制度，及时修订和调整不合时宜的政策，进一步完善中外合作办学的制度和法律环境。

二是加强对中外合作办学的监管。中外合作办学取得了长足发展，特别是办学数量得到了飞跃式发展，办学水平稳步推进。然而，数量的快速增长也造成了质量的参差不齐，中外合作办学项目和机构的办学水准差异较大，办学规范性问题时有发生。要提升中外合作办学质量，必须加强监管。首先，要完善准入制度，指导高校强强联合，典型示范，真正引进强校名校；要优化学科专业结构，重点支持高校在理工农医等自然科学领域及先进制造、现代农业和新兴产业等领域开展合作办学；要严格控制外国高校连锁办学，防止低成本重复性学科建设。其次，要加强办学过程监管，通过开展评估认证、加强信息公开、建立成功经验共享机制等方式，为中外合作办学的内涵式发展提供坚实支撑。最后，要强化退出机制，对于无法高质量生存的中外合作办学，建立完善有序的退出机制和程序，形成优胜劣汰的发展机制。

三是进一步推进中外合作办学融合创新，实现内涵式发展。要进一步鼓励中外合作办学主体结合中国教育环境，对引进的国外优质资源进行再创造，通过创新发展形成真正符合中国国情的、具有国际水准的教育理念和育人体系。要把握全球教育发展趋势，利用中外合作办学体制机制灵活的特点，大胆探索互联网时代大学学习与教学的新模式，探索在中国环境中培养国际化高端人才的育人体系，以及具有新型治理和管理经验的大学组织管理模式，引领世界教育发展潮流。

四是强化中外合作办学的辐射作用，推动教育改革进程。举办中外合作办学，初衷是通过引进优质资源探索全新的教育模式，为深化教育改革提供示范。中外合作办学战线要不忘初心，重视总结中外合作办学的优秀实践，建立讨论和分享优秀办学实践的平台和机制，加大对中外合作办学的宣传和推广，切实发挥中外合作办学的创新引领作用，发挥“鲶鱼效应”，形成倒逼机制，促进国内高等教育深化改革的进一步推进。

**二、本书的结构安排**

本书共分为七章。第一章把国际化放入中国高等教育改革的历史进程中，分析国际化对于当下的教育改革和创新的价值，认为国际化可以成为中国教育改革的一个突破口。第二章系统地介绍了中外合作办学在中国的实践。第三章到第五章从相对微观的人才培养、大学管理以及大学教育生态三个层面分析了中外合作办学对我国教育改革和创新的借鉴与启示。第六章到第七章则分析了中外合作办学对相对宏观的中国高等教育改革、国际教育以及未来大学等三个方面的影响。

本书由席酉民教授策划统筹并提供核心观点，张晓军博士负责组稿，赵璐负责第二章和第七章初稿的写作，付佳琪修订书稿部分章节。

本书能够顺利出版，得益于丛书主编朱永新教授的大力支持，以及中国人民大学出版社王雪颖编辑的支持，在此表示诚挚的谢意。

书中错误和不妥之处在所难免，恳请读者批评指正。

席酉民　张晓军

# 目　录


第一章　中国高等教育的一个突破口
——国际化 …… 1

一、中国高等教育改革和发展的挑战 …… 3

二、中外合作办学对高等教育改革的启示：
以西交利物浦大学为例 …… 6

第二章　中外合作办学——高等教育
国际化的创新模式 …… 19

一、高等教育国际化的中国实践 …… 22

二、中国土地上的国际大学 …… 29

第三章　未来教育探索——如何培养
适应未来世界的人才 …… 51

一、当代大学的生存环境及其挑战 …… 53

二、教育、教学和大学的反思与重塑 …… 59

三、研究导向型教学：西交利物浦大学
面向未来的教学探索 …… 66

第四章　人才培养模式及大学管理体系 …… 71

一、中外合作大学融合中西方教育理念的
人才培养模式 …… 73

二、构建适合知识组织的大学管理体系 …… 80

三、系统严密的质量监控体系 …… 89

**第五章　新时代大学与社会的生态体系** …… 99
一、区域创新生态系统及大学的作用 …… 101
二、大学如何融入和贡献于区域创新生态系统 …… 109

**第六章　中外合作办学对中国高等教育的影响** …… 123
一、引进新的大学理念和模式：以学生为中心的大学体系 …… 126
二、对中国高等教育改革实践的影响：如何帮助教师发展 …… 133
三、研究导向型教学：以学生为中心的教学创新 …… 143

**第七章　教育国际合作的借鉴与展望** …… 153
一、中外合作办学带来学生跨国流动新模式 …… 155
二、中外合作办学对多元教育文化和模式的整合 …… 162
三、成功的国际合作五星模式 …… 163
四、为高等教育打开通向未来之门 …… 168

参考文献 …… 175
后　　记 …… 178

# 第一章
# 中国高等教育的一个突破口——国际化

一、中国高等教育改革和发展的挑战

二、中外合作办学对高等教育改革的启示：以西交利物浦大学为例

本章主要从中国高等教育当前改革和发展的挑战出发，讨论这些挑战的核心问题，并探讨教育国际化特别是中外合作办学作为推动国内教育改革走向深入的重要力量，为当前的高等教育改革提供的借鉴和启示。

## 一、中国高等教育改革和发展的挑战

我国高等教育在规模大幅扩张后，到了关键调整期和质量的提升期，《国家中长期教育改革和发展规划纲要（2010—2020年）》等重要文件强调了高等教育深入改革、提升质量的重要性，提出要实现从“规模式扩张”到“内涵式发展”的转变，需要结合不同方面进行改革。首先，需要在大学外部治理、资源配置等方面进行全面调整；其次，我国高等学校管理科学化程度较低，高等学校是一类特殊的知识型组织，其存在的意义和运作模式不同于其他组织（如政府、企业），但当前我国高校仍然采用一般组织的层级化管理，为改变这种状况，亟须改革高校内部组织结构和管理方式，形成科学社区，便于知识的传播和应用；最后，目前高等教育活动也亟须探索新形势下高等教育的过程和组织方式，以及教育质量保障体系。

### （一）高等教育体制机制的改革

#### 1. 大学的体制和制度需要调整

大学的体制和制度改革是当前国家政策关注的重点，改革的方向是构建多元化、分层次的高等教育体系，进而改革政府和高校之间的关系。当前，我国高校主要以公办学校为主，民办高校多为教学型大学。构建多元的高等教育体系关键有二：一是打破政府独立出资的模式，鼓励社会资本投资大学，构建多方参与的大学外部治理结构。二是调整大学结构和投资结构，清晰界定大学类型和功能，如研究型大学、教学型大学、社区型大学等，明晰各自的主要投资主体。比如：研究型大学以国家为投资主体；社区型和就业导向型各类大学或高等教育机构以各级政府为主要投资主体，为所有公民提供高等教育和提升就业能力的均等机会，真正实现教育公平；大量存在的教学型或教学科研型大学则面向市场，吸引更多投资主体参与办学。政府和高校之间新型关系的构建，难点在于如何扩大高校办学自主权，突破口有二：一是改革高校资源配置体系，以科学的资源配置机制让高校以及师生静心于学习和研究；二是强化大学法人地位和品牌意识，放手让高校独立办学，包括专业设置、招生计划确定、学位授予、教授评聘等，强化认证体系建设，加强市场和行业认同。

2. 大学亟须准确的定位和清晰的育人目标

大学肩负着培养多样化人才、满足社会多元需求的使命。受资源所限，一所大学只能培养某一个或某一些领域的人才，因此大学首先要根据自身对世界的认识确定教育理念，明确自身培养人才的目标，然后基于目标确定教育策略。当前我国高校体制改革的首要任务是：引导大学形成各自独特的办学理念、准确的定位、清晰的育人目标。

（二）大学管理体系改革

大学管理体系是保障大学日常学习和教学活动的重要支撑，也为大学中个体间的合作提供基本框架和正式沟通渠道。大学是一种非常依赖个体间合作的组织，因此，如何才能建立一种有利于大学中不同的个体间尽可能合作的管理体系十分重要。例如，大学里的师生互动被认为是影响学生学习水平的一个关键因素，大学教研人员在科研方面的合作是教育产生根本性创新的重要途径。这一体系至少可以从治理体系、组织结构、管理技术和大学文化等方面改进。

1. 大学内部结构应符合知识组织的特征和要求

我国高校内部管理体制采用传统的层级形式，对学术性组织来说，这种偏重效率的组织形式较难服务于研究工作。国内外先进经验表明，研究人员之间的互动恰恰是产生大师级科研成果的重要条件。当前的大学内部结构与大学理念、目标不匹配，改革应符合知识组织的特征和要求。

2. 大学内部治理结构应明晰高效

我国高校实行的党委领导下的校长负责制是符合时代要求和中国特色的治理结构模式，不过实践证明这一体系还有诸多方面需要完善。国家政策也指出，公办学校要坚持和完善党委领导下的校长负责制。因此，在坚持的基础上如何完善是当下改革的重点。

3. 学术权力与行政权力的分工互动

高校管理的行政化成为当前最为关注的改革问题，如何去行政化也成为实施《国家中长期教育改革和发展规划纲要（2010—2020年）》的一大难题。学术权力与行政权力是高校有效运行不可或缺的两个方面，分别负责不同的大学管理事务。高校管理去行政化，既不应该将行政权力一棍子打死，也不应该让学术权力无所不包。因此，首先需要清晰界定在高校管理中，哪些属于学术权力、哪些属于行政权力，然后明确完备的制度和流程，保证二者各自权力的有效实施，并处理好二者之间的协调与监督关系。

### （三）高校教学活动组织方式和质量保障体系改革

大学教育质量亟待提升和大学管理亟待改革已是共识，中国需要进一步改革大学治理方式，让大学真正成为独立法人实体，以品牌和质量求生存。在现行体制下，中国大学仍有很大的办学空间和自由度，面临问题也可分为体制问题、管理问题和技术问题。在体制没有完全理顺的情况下解决管理问题和技术问题有一定难度，但在现行体制下有大量管理问题和技术问题可以得到有效解决。

#### 1. 大学亟须研究如何培养学生的能力和素养

虽然国家和高校都非常重视通过开展素质教育来提升大学生的能力和素养，但当前素质教育在高校的深入推进遇到了困难。素质教育在人才培养中缺乏全程参与和全要素渗透，导致执行不到位等多方面的问题。素质教育在高等学校改革中的重要性以及当前实践中的困境，迫切要求大学通过全面创新来探索深入推进素质教育的新路子，系统改革我国高校传统的人才培养模式。

#### 2. 大学需要建立完善的育人质量保障体系

当前，国家的高等教育改革战略中突出强调了“学生中心”、“结果导向”以及“持续改进”等理念，而要实现这一理念，建立完善的育人质量保障体系就成为非常基础性的工作。中外合作办学机构在吸收西方先进教育理念的过程中，学习和整合的一个重要因素就是质量保障体系。一个完善的大学育人质量保障体系，有三个基本的原则：一是要把育人质量保障体系作为全校所有人的工作，而不仅仅是大学质量保障办公室几个人的职责。大学质量保障办公室的主要职责，是设计全校的质量保障体系框架，并通过大量的沟通和合作，把全校所有人都纳入体系。二是要注重大学育人全过程的质量保障（如从大学办学理念到育人模式的设计，再到学习与教学过程等），而不仅仅是对育人部分环节

（例如教学过程）的保障。三是要把持续改进而不是终结性评价作为基本的理念，把建立长效性、过程性的质量保障措施作为核心，其基本目的不是对需要保障的学校提供一个简单的评价，而是对当前学校的育人质量进行考察后，提出需要改进之处并进行监督，更好的做法是监督学校质量保障体系本身的完备性，而不是直接去监督学习与教学过程。

## 二、中外合作办学对高等教育改革的启示：以西交利物浦大学为例

从体制到资源配置再到大学内部架构的改革和调整，需要包括国家、教育主管部门、高校等在内的所有主体共同行动，通过探索不同的路径来推动改革的深入。其中，中外合作办学作为近年来发展起的一种新生力量，可以在不同层面对当前的教育改革提供借鉴和启示。本节的主体内容，就是详细介绍中外合作办学作为当前一种教育深度国际化的模式，其主要特色以及如何利用这种特色来推动国内的高等教育改革。

首先，中外合作办学机构由中国大学和国外教育机构合作成立，在体制上与国内大学不同，因此为高等教育体制机制改革提供了一条全新的途径，通过多样化来促进当前国内大学（如与政府的关系、与第三方机构的关系）的改革。其次，在大学的定位上，中外合作办学机构必须清晰定位才有生存空间，这可为国内大学定位的多元化提供参考。最后，中外合作办学机构融合了西方先进的教育教学理念和模式，并成功地在中国的环境中扎根和实践，因此，在育人模式、管理体系等方面都和国内大学有显著差异。中外合作办学机构的很多方面吸收了国际前沿的教育理念和实践，可为国内当前非常重视的教育教学改革提供参考。

为了详细介绍中外合作办学机构的模式和特色，本节在考察和阐述一般性的中外合作办学实践的基础上，以西交利物浦大学（Xi'an Jiaotong-Liverpool University）为例来展示合作办学提供给国内高等教育改革的启示。西交利物浦大学是由西安交通大学和利物浦大学合作创办的国际大学。西交利物浦大学针对世界发展对人才的挑战和要求，顺应高等教育趋势和市场需要，借鉴中西方优秀教育传统和实践，利用西安交通大学和利物浦大学的学科优势，结合苏州以及长三角地区产业发展特点，整合国际教育资源，探索和实践适应全球化发

展的国际化办学模式，从大学理念、治理结构、育人模式、管理模式、组织架构、育人过程、质量保障体系、大学文化等方面初步形成一套现代大学体系，在4年的时间里帮助学生取得了跨越式发展。

数届毕业生和在校生的杰出表现证明，即使入学学生高考成绩不是拔尖水平，但经过大学教育和文化熏陶，依然可以成为在国际舞台上出众的和获得高度认可的人才。以西交利物浦大学为例，首届毕业生中97%的学生继续在海外著名学府攻读硕士或博士学位，超过20%的学生被世界排名前十的大学录取。在读生参加全美大学生数学建模竞赛等国际活动的获奖率远远高于平均水平，位于国内外参赛大学前列。同时，家长、社会因学生在校期间的健康成长和迅速提升对学校办学模式高度认可。这些成绩的取得，主要依靠一套独具特色的人才培养模式和大学管理体系，这套体系为应对互联网时代大学遭遇的挑战以及解决中国大学改革的诸多难题提供了重要借鉴。

### （一）大学体制与外部治理

#### 1. 清晰定位是良性多元投资办教育的前提

西交利物浦大学清晰定位于研究导向型大学，而这类大学应成为中国高等教育面向市场争取多元投资的主力。就目前中国还缺乏民办或产业资本无偿进入教育领域的现实来看，建立这种高端定位的大学依然困难重重。地方政府的大力支持，则有助于维系研究导向型的高水平大学。要真正通过私营或中外合作在中国建立高水平大学可以说时机还不成熟，现在的多元投资办学在可预见的未来较长一段时间只能在职业教育层面大面积展开，而这一层面的办学主体很多应该是各级政府。

#### 2. 构建外部参与式治理是健康发展的基础

高校传统的利益相关者包括政府、社会、教师与学生，主要接受政府的直接财政支持和领导，并通过行政关系管理学校及各种组织（教授委员会、学术委员会、工会）和学生组织（学生会、团组织等）。政府单方面主导的办学模式既影响社会力量的参与，也造成学校浓厚的行政化氛围，且社会需求难以反映到学校的变革上来。《国家中长期教育改革和发展规划纲要（2010—2020年）》提出要建立政府、社会和高校之间的新型关系，明确政府权限和职责，积极鼓励社会力量办学，形成民办教育和公办教育共同发展的局面。要真正实现——

至少可从两方面入手——首先，即使是公办大学，考虑到利益相关者的权益和声音，学校也需探讨利益相关者参与的外部参与式治理，即构建有利益相关者参与的理事会或董事会来负责学校重大发展决策。其次，对于多元投资的大学来讲，外部参与式治理是自然的选择。

外部参与式治理是否能真正引导办学方向和保证教育质量？西交利物浦大学是一所由社会力量建设的研究导向型大学，采用董事会、投资者和社会共同治理的模式（见图 1－1）。学校的高管团队不仅接受董事会的领导，也接受来自投资者和社会的监督和指导。西交利物浦大学视教师为“股东”，因为教师的知识是高校不可或缺的资源。此外，在“学生自治，学校引导与服务”的基础上，学校成立了学生联络委员会、学生事务委员会，将学生的建议和意见通过正规渠道送达高管团队，切实保障学生的参与。学校还成立了由社会各界人士组成的发展咨询委员会、校外导师团队、家长联谊会，为学生和学校的发展提供建议。4 年实践证明，由于其生源、资金、教师力量、社会各界的支持均通过市场，为了生存和发展，学校视社会、学生、家长的反映为生命线，视各方支持者如投资者、政府、教师的意见为重要决策依据。换句话说，这种治理结构始终会以学校健康发展为准则，丝毫不可怠慢。所以，建立外部参与式治理体系和保证其有效运转的基础是真正实现资源配置机制的转化，靠市场和行业认同完成。

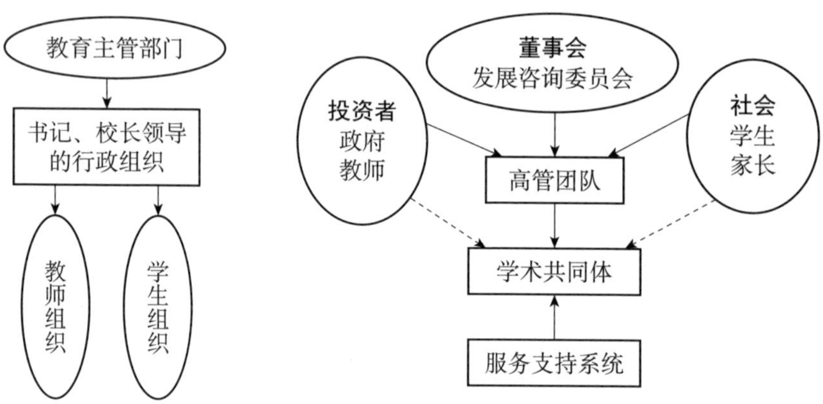


**图 1－1　我国传统高校与西交利物浦大学的治理结构对比**

西交利物浦大学内部运行和资源配置体系由三大部分组成：最上层是董事会的行政权力及专家教授的学术权力参与的资源配置的策划和决策机构；中间是科学社区，师生在完成教学和学习任务的同时，可根据兴趣和需求形成研究团队，向校内外各种基金或组织申请资助，校外基金如国家自然科学基金按其学术评审程序决定是否资助，校内行政权力根据战略规划和预算决定教学和科研各种预算，然后由学术权力决定预算在项目和各类教学科研活动中的具体分配。若教授对分配不满，可向行政权力申诉，但行政权力只监督学术权力决策是否合法和基于事实，如果事实清楚且程序合法，行政权力将会支持学术权力的决策，而不能干预学术权力的学术判断。处于基层的是承担各种职能的服务中心，它们相互合作已形成无缝衔接的支持平台，所有这些职能部门的基本职责是向教学和科研系统提供周到服务，而不是任何权力部门，它们无权指挥和命令任何学术活动。

总之，无论是公办高校还是多元投资高校，均有建立外部参与式治理体系的理论基础和需求；国家在鼓励社会资本支持教育的同时，首先应规范资源从国家到教育主管部门再到高校以及高校内部的配置机制，建立一种科学、规范、透明的，既保证国家对高校的指导，又保证高校有足够办学自主权，还能保护学术权力在学术资源配置中的决策权的机制。

### 3. 形成清晰的大学理念

“大师”和“大楼”是大学的传统内涵，随着知识经济的发展、信息和通信领域的革命，人们获取知识的途径日益多样且变得相对容易和廉价。传统的“大师”和“大楼”虽对办好大学依然重要，但形成跨学科积极互动的科学社区、体现现代教育哲学和理念的校园文化以及支撑其高效运作的管理网络体系变得更加重要。各高校在人才引进和新校园建设取得阶段性成果后，应加大力度研究自己的办学理念和大学定位，以及营造与之相应的科学社区、校园文化和支撑体系，依靠独特的相对优势立足于大学竞争之林。

例如，西交利物浦大学的核心思想是快乐生活、成功事业，核心价值观是创新与贡献，核心目标是提高人类生存能力，定位是建设“研究导向、独具特色、世界认可的中国大学和中国土地上的国际大学”。首先，中国家长希望孩子享受国际教育但又怕孩子高中刚毕业不能适应国外的生活环境，中国土地上的国际大学圆了这些孩子不出国即留学的梦想；其次，当今中国之发展令世人向往，但许多国际学生因学习环境和教学语言而难以选读中国大学，国际认可的中国大学为渴望了解、融入中国的境外学生提供了不改变学习环境而进入中国学习的机会；再次，中国有数千所大学，增加一所相同的大学附加值很小，但在世界面临重大转变的关键时代办一所独特的探索高等教育未来的大学却意义非凡，这就是西交利物浦大学独具特色定位的价值所在；最后，要对中国甚至世界的高等教育产生影响，必须办一所高水平的大学，因而必须有高水平的师资，只有以研究为导向才可能吸引和巩固高水平师资，成就高水平大学。西交利物浦大学的独特教育理念和准确清晰定位为其长期健康发展和保持竞争力奠定了基础。

#### 4. 有明确独特的育人目标

清晰的大学定位决定了大学培养哪一类人，如西交利物浦大学的定位决定了其可培养在国际舞台上拼搏的人才，即世界公民（global citizen），但什么样的人才可称为世界公民，则是育人目标需要回答的，从而可全面回答大学培养什么样的人这一问题。要根据大学定位及社会发展趋势对人才素养、能力和知识的需求确定育人目标，利用人类分析和解决问题的方式及智慧，针对学生的学习特征、文化氛围和成长规律，制定全面的培养目标，这样才有可能培养出适应未来发展趋势的高级人才。

例如，西交利物浦大学根据其培养世界公民的目标定位，初步探索形成了五星育人模式（见图1-2）。学生只有形成相应的素养体系、能力体系和知识体系，才有可能成为驰骋国际舞台的世界公民。为了保证这三个体系的培养，学校还探索了实现这一目标的综合教育策略和支撑系统。

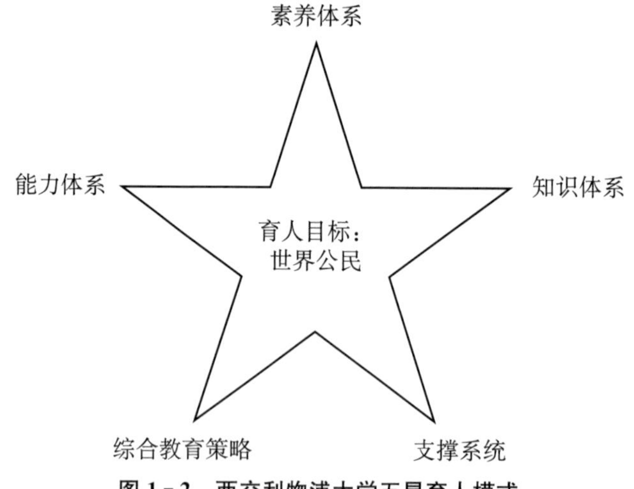


**图1-2 西交利物浦大学五星育人模式**

（1）素养体系包括：以快乐生活、成功事业为核心思想，以创新与贡献为核心价值观，以提高人类生存能力为核心目标，以和而不同为核心伦理原则，以全球视野与练达为核心世界观。素养体系也是学校教育理念的具体落实和体现。

（2）能力体系包括：参与国际竞争的能力、扎实地整合与运用知识的能力、主动的态度与坚实的执行力、积极探索与创新精神及终身学习的能力、互动合作的精神与行为能力。

（3）知识体系包括：哲学与智慧、实务与经验、艺术与技巧、科学与知识、技术与工具。为了全面培养学生上述素养体系、能力体系和知识体系，学校探索和尝试一系列综合教育策略。

（4）综合教育策略包括：职业规划与创业教育、主动型学习与教授、强调知识整合与执行力的丰富多彩的课外活动、国际交流与合作、导师制与实习实践。

（5）支撑系统包括：校园文化建设、学术支持系统、学习支持系统、学习与教育资源共享平台与学术共同体、具备国际先进水准的基础设施。

日益复杂多变的世界对人才的要求不断提高，大学定位和育人目标全面回答了培养什么样的人的问题。清晰的素养体系、能力体系和知识体系目标的确定，为教育改革和创新确定了方向，也为高质量的大学教育奠定了基础。各高校只有反思和进一步明确自己的定位和育人目标，更新人才培养观念，改革和完善培养过程，才能使人才培养体制改革有方向，落在实处，找到突破口。

### （二）大学应建立科学的管理体系和架构

西交利物浦大学在管理方面的探索已形成体系，其管理哲学和方法论是和谐管理理论，即根据大学愿景和使命，确定每个时期的和谐主题，并设计和实现该主题的谐则体系，包括关键活动、流程、制度以及基于 IT 的支持系统；塑造有助于该主题实现的和则体系，包括激励政策、文化氛围、行为规范、职业习惯等诱导环境；领导者根据形势发展和变化调整和谐主题，并针对主题耦合谐则与和则体系，保证学校高效和谐运行。基于西交利物浦大学的经验，我们提出以下六点提升大学管理体系科学性的建议，以促进《国家中长期教育改革和发展规划纲要（2010—2020 年）》的有效实施。

#### 1. 清晰的愿景和使命

当代社会日益复杂多变，大学要在动荡的环境中生存和发展，应对变化至关重要。大学在明确定位后，还需确定清晰的愿景和使命，并使其深入人心。愿景是大学社区内成员行动的终极目标，不随环境的变化而变化。因此，不管环境如何变化，只要成员有一致的行动目标，就可以有效应对变化。

西交利物浦大学的愿景是“研究导向、独具特色、世界认可的中国大学和中国土地上的国际大学”。其大学使命是：培养具有国际视野和竞争力的高级技术和管理人才；积极为经济和社会发展提供科技和管理服务；在人类面临严重生存挑战的领域有特色地展开研究；探索高等教育新模式，影响中国甚至世界的教育发展。

2. 清晰的内部治理机制

董事会领导下的执行校长负责制是一种高效的治理机制，对董事会和执行校长之间的权责利及二者间关系界定清晰明确，执行校长的退出机制健全。因此，党委领导下的校长负责制可以通过如下改革解决目前经常面临的许多矛盾并提高管理的有效性：(1) 进一步清晰、具体地界定党委和校长的职责范围，明确党委和校长各自的责任及二者间的关系；(2) 严格规范党委领导下的校长负责制的运行流程和规则，改进党委书记和校长选拔方式，特别是建立监督和退出机制。

3. 网络式大学结构

西交利物浦大学采用网络式大学结构。网络式大学结构的中心是董事会和高管团队，主要负责学校战略和日常运行。外围由四大服务中心保障教学和科研活动的顺利开展。服务中心外部即各系，是教学和科研的主要组织单元，还根据需要形成学科群间的协作机制，如非实体的学院、中心、系和服务平台之间没有直接的行政管理关系。

科学的大学结构应突出行政、职能部门的服务功能，强调教师和研究人员的核心地位以及宽松自由的学术环境；应充分调动师生学习和研究的积极性，拓宽教师之间、师生之间的合作空间。在网络式大学结构中，个体之间没有层级之分，只有清晰的职责界定，师生及其学术活动是学校实现使命的核心，行政、职能人员构成友好的网络式服务平台，切实支持和服务学术活动。

4. 学术权力与行政权力的良性互动

在西交利物浦大学，由专门的学术组织或委员会处理涉及学术判断和发展的事务，如学科建设、学术评价、学术发展、教师学术水平判断和职业升迁、学生升级及学术违纪处罚、具体教学管理等事务。如师生认为有不公之处，可以向行政部门申诉，行政部门负有监督责任。如行政部门会全力支持学术权力的判断和独立性，不会直接干预学术事务。另外，学校所有职能部门不再是任何权力部门，对学校发展来说，它们的主要职责是提供服务和支持。

5. 清晰完备的管理技术支撑体系

在所有组织中，因其知识组织属性和汇集知识工作者的特点，高校成为最难管理的一类组织。正确的定位、合乎时代要求的育人理念、优秀的发展战略的真正实现，需要强有力的管理团队和技术支撑体系，这也是目前高校普遍比较薄弱的方面，应注意加强，方能保证《国家中长期教育改革和发展规划纲要(2010—2020 年)》目标的实现。

西交利物浦大学在准确定位、明确愿景和使命、制定发展战略、探索育人模式的同时，大力加强管理技术支撑体系的建设，以保证育人目标的实现。短短几年，西交利物浦大学不仅探索创建了以网络服务平台为支撑的学术社区的新型大学组织结构，还创造性地建立了以和谐管理理论为哲学和方法论，以 MBAR2① 为管理工具，以 TIPS-H2② 为行为规范，以多元、规则、创新、自由、信任为文化诉求的管理体系。和谐管理围绕学校愿景和使命，形成各发展阶段的和谐主题，再通过谐则原理搭建经优化设计的流程和制度体系，保证服务效率和资源的有效性；以和则原理构建环境诱导体系，让师生员工开心、能动、创造性地工作，以主动性和创新精神应对各种挑战和不确定性，然后围绕主题将谐则体系与和则体系耦合，形成和谐运行的大学发展平台。

MBAR2 是管理手段，TIPS-H2 是使用管理工具的意识和行为。TIPS-H2 描述出牢记愿景和使命、使用先进管理工具的人的主导思想与行为规范；MBAR2 则是在和谐管理理论和 TIPS-H2 指导下使用的工具，是达到愿景和使命的途径。学校要求全体教职工自觉、不断地学习 MBAR2 管理工具，并在实际工作中运用、总结，逐步提高工作水平，让管理技术成为“改变人”的工具，

---

① MBAR2 是配合和谐管理运行的管理工具，指目标管理（MBO）、基于预算的运行管理（BCO）、工作重要性分析与角色互换（ABC）、结果导向管理（RBM）和日常性案例分析（RCM）。

② TIPS-H2 管理行为模式是指团队合作（teamwork）、大胆创新（innovation）、专业服务（professional services）、真心诚意（sincere）、善待他人（hospitality）和快乐工作（happy）。

并将其内化为自身性格、素质的组成部分，增强互信，加强协调，增进交流。

#### 6. 自由开放的多元文化平台

符合现代文明的校园文化是实现教育理念的重要保证，从某种意义上讲，有什么样的文化，就会造就什么样的人。确保《国家中长期教育改革和发展规划纲要（2010—2020年）》有效实施，必须重视新型大学校园文化的塑造。西交利物浦大学很重视校园文化建设，以校园文化引导学生行为变化和健康成长，其文化诉求是：多元（diversity）——尊重个性、崇尚多元，保持师生和文化的多元结构，鼓励相互尊重、共生共荣；规则（regularity）——有规矩才成方圆，倡导多元文化的共生规则，追求君子和而不同的规则机制；创新（innovation）——以变制变，持续创新是个人特别是学术及其组织的竞争力源泉；自由（freedom）——多元是创新的土壤，自由是创新的养分，是生命的意义所在；信任（trust）——共生共荣离不开尊重、规则，更离不开信任，信任是“快乐生活、成功事业”的基石。

学校利用现代化办学手段和校区内独特的公共资源，通过丰富多样的途径营造符合办学宗旨和理念的大学文化，如成人独立意识、自尊心、社会责任感、创新精神、团队合作精神、高尚人格、绅士或淑女形象、变被动学习为主动学习行为等，并逐步通过制度体系使其规范化。学校将知识获取看成一个过程，主要关注在这一过程中学生的改变和健康成长。

### （三）以学生为中心的育人模式及保障体系

西交利物浦大学是国内首家通过强强合作以理工学科起步和目前唯一授予中英双学位的具有独立法人资格的中外合作办学机构。学校自成立以来基于中西方高等教育优势的整合以及自身灵活的办学体制，已初步形成了一套系统的大学人才培养模式——五星育人模式，集中体现了其对大学培养什么样的人和怎样培养人这两个核心问题的探索。这一模式有三大核心要素，最上层是明确具体的人才培养目标，中间是实现育人目标的综合教育策略，最下层是保障目标实现的支撑系统（见图1-3）。

西交利物浦大学同时授予教育部承认的西交利物浦大学学位和英国利物浦大学的学位，因此，在本科教学方面，学校要接受来自教育部和利物浦大学的双重认证。学校秉承英国高等教育系统严格的质量规定和品质意识，发挥中国

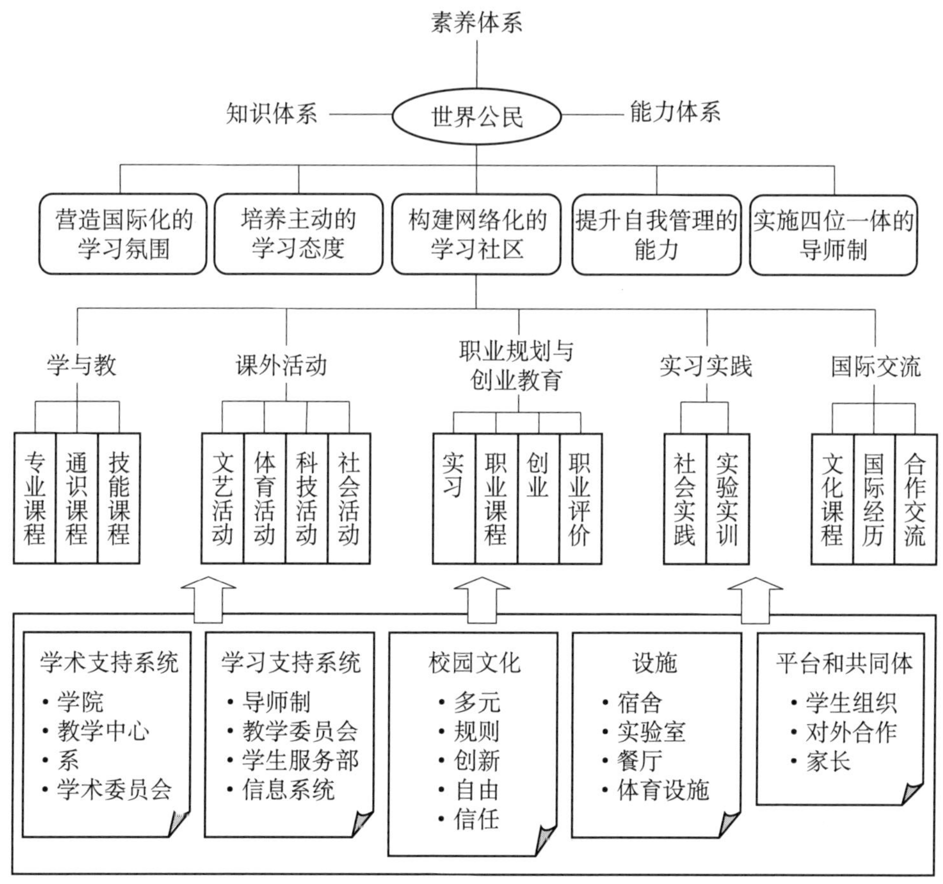


**图 1－3　西交利物浦大学的人才培养模式**

教育体系注重基础的优势，并整合北美教育体系对学生自主性和灵活性的重视，建立了以外部机制为控制点、牵制内部质量管理流程的一套融合中西方高等教育质量保障体系标准的评估体系和质量保障机制，对教学质量和人才培养质量实施全过程监控。这套体系在国家及第三方认证机构、学校、院系、专业、课程和学生六个层面分别采取质量保障措施。

(1) 以学生为中心的教学理念。

教学理念决定质量保障的目标，西交利物浦大学推行以学生为中心的育人理念，教学质量保障的目标是学生的素养、能力和知识有没有显著提高，十分注重课程设置的多元性、学生体验、课堂参与等，学业考试侧重考查学生解决问题的能力，学生评教也侧重于学生在体验后的感受、提升以及是否存在阻碍学习的因素等，教学的根本目标是学生学习并获得学习的能力。但在中国传统“以教为主，以学为辅”的理念下，控制和评价手段都以提高教的质量为目标，如听课机制中主要考察教师的讲课能力、备课水平、知识点完整性、作业量等，学业考试主要监测教师的教学水平，学生评教也主要从学生的角度评价教师教学的优劣，目的都是针对教师的。因此，学校应变“以教为主，以学为辅”为“以学为主，以教为辅”，将教学质量保障目标定位为学生的进步和提升。

(2) 质量保障体系架构清晰明了、系统科学。

从国家、学校、院系、专业至课程层面展开质量监控，从教学理念、学术战略规划、教学过程及结果评价等进行全程全方位综合评审。每个质量保障环节既有一定的独立性与灵活性，又与体系内其他质量保障环节紧密关联、环环相扣。在西交利物浦大学，学术权力与行政权力分工互动与合作，是学校有效运行不可或缺的两个方面。

(3) 学生群体广泛、高度参与，确保学生最佳学习体验。

学生主动参与及其作用的发挥，是提高人才培养质量的关键环节和基本前提。作为大学教育质量的参与者与体验者，学生对于学校的发展和进步有着举足轻重的作用。因此，学生在大学教育质量保障中的地位应得到充分重视，学生在教育评价中的有效参与应给予充分保证。学生主动参与是西交利物浦大学质量保障体系的重要组成部分，也是重要特色之一。西交利物浦大学在教育质量保障体系建设与发展中，重视学生的价值，形成以学生为中心的质量文化，吸引学生广泛参与大学教育质量保障，鼓励学生与教职工协力合作，共同致力于教育质量的改进，承担起学术共同体成员的责任。

西交利物浦大学学生的主动参与具备以下特点：参与主体的多元化、参与方式的多样化、参与过程的平等性、参与结果的有效性。在西交利物浦大学，学生代表在自愿平等的前提下，自荐申请加入校内各个学术委员会与非学术学生社团联盟。为保证最大限度倾听学生声音，大部分学术委员会对学生代表的多元化做出明确规定，从学习层次、学科专业、年级、国籍等方面要求尽可能多元化。

学生代表参与方式也是多样化的。学校、院系各层面学术委员会明确要求一定数量的学生代表作为委员会委员参会；内外部具体各质量监控评审环节也对学生代表的出席参与做出了相应规定。除了通过参加正式会议交流信息外，学生还可以通过日常与个人导师、年级组长定期会面随时传递自己对教学及其他方面的反馈与评价。

在参与过程的平等性方面，学生代表作为委员会正式委员，和其他委员具有同等选举权与投票权。除保留议题外，所有会议议题均开放给学生委员商讨。同时，学生委员有权在会议召开前向委员会秘书提交议题，在会议讨论中拥有平等话语权。

对于参与结果的有效性，学生代表在正式会议中的发言内容和反馈意见及建议均被列入会议纪要中。通常，会议讨论达成一致的决议会形成相应的行动计划，由相关部门或人员来执行完成计划，并将最新执行状态汇报至下一次会议中。

（4）质量保障体系以持续改进、完善为导向。

西交利物浦大学每个质量保障环节都是发现、识别问题的良好机会。每个质量保障环节都会形成评审报告，报告中既含有有待改善的方面，也涵盖值得肯定的良好实践。对于需要改进的方面，学校会形成具体执行方案与对策，并提供指导性执行期限，相关部门及个人依据该计划采取具体行动，逐步完成改进方案。在发现、解决现有问题的同时，质量保障环节不断鉴别良好实践，并在学校和院系层面广泛宣传与分享，鼓励院系教师在日常教学和管理工作中巧妙借鉴这些良好实践，持续改善教学与管理工作。

当前，我国教育部组织的本科教学质量评估的原则是“以评促建、以评促改、评建结合、重在建设”。建议本科教学评估可借鉴英国高等教育质量保障署（QAA）对高校的评估，重点考察高校有没有教学质量保障的体制机制，这些体制机制的有效性如何，高校是否针对存在的问题做持续改进等，并做好信息的发布，以便让全社会共同监督。

### （四）总结

在互联网冲击和全球化背景下，高等教育面临着根本的转型，中国的高等教育同时处在深化改革、提升质量的关键阶段。在全球高等教育面临深刻变革和中国高等教育改革不断深入的情况下，中外合作办学作为一种教育深度的国际化模式，融合中外教育理念、模式和资源体系，对我国大学的体制改革、治理优化、育人质量提升、大学管理变革等都有重要的参考价值，可为中国的高等教育改革提供启示，同时为世界高等教育的发展提供一种独特的国际化模式。

# 第二章
# 中外合作办学——高等教育国际化的创新模式

一、高等教育国际化的中国实践

二、中国土地上的国际大学

20 世纪 80 年代以来，全球化的浪潮席卷而来，对世界经济、政治、文化等领域产生深远影响，使其发生了根本性的改变。世界经济和科技的全球化要求高等教育发挥重要作用，因而国际化开始成为主流的发展趋势。然而，高等教育国际化并不是一个新的现象，高等教育自其产生之日便具有国际化的特征。探索真理和发展知识是高等教育产生和发展的基本动力，而这本就是一项没有国界的事业。作为现代高等教育起源的中世纪大学，更是最早实现了最为普遍的世界性联系，通过跨国的"游教"和"游学"活动使高等教育突破国界和地域的限制，极大地促进了知识的传播与交流。

高等教育国际化在全球现代社会背景下被赋予全新的内涵。现代意义上的高等教育国际化主要表现为"人员交流"，通常由政府主导并与外交政策密切相关；进入 20 世纪 90 年代之后，高校成为国际化的推动主体，这使得高等教育国际化的表现形式也从单纯的人员交流扩展到诸多领域。其中，"教育项目和教育机构的跨国流动"成为高等教育国际化的重要表现形式。

正是由于实践的不断变化，当前学界对高等教育国际化的研究纷繁多样，视角也多有不同，对高等教育国际化的概念尚未形成共识。关于高等教育国际化，比较主流的观点有：简·奈特从过程的视角定义高等教育国际化为"在院校和国家层面，把国际的、跨文化的、全球的维度整合进高等教育的目的、功能或传递的过程"。菲利普·阿特巴赫认为高等教育国际化是"为了促进学生或教师交流，参加境外合作研究，用英语（或其他语言）开设教育项目或其他，而由政府、院校系统和高等院校乃至院系承担的政策和项目"。顾明远基于教育目的将高等教育国际化界定为"主要是通过人员的国际交往、信息交流、国际技术援助和合作，吸收、借鉴世界各国高等教育办学理念和办学模式，从而提高人才培养质量，推动本国高等教育现代化进程，实现人类相互理解和尊重的目的"。陈学飞从四个不同角度对高等教育国际化的概念进行总结。从活动方法看，高等教育国际化是指"与国际研究、国际教育交流与技术合作有关的各种活动、计划和服务"；从能力方法看，高等教育国际化是指"一国为成功参与日益相互依赖的世界而做准备的过程，这一过程应该渗透到中学后教育系统的各个方面，促进全球理解，培育在多样化世界有效地生活和工作的各种技能"；从精神气质看，高等教育国际化是指注重和支持跨文化的、国际的视点，重视形成与发展国际的精神气质和文化氛围；从过程看，高等教育国际化是指国际维度或观念融入高等教育的各主要功能之中的过程。王建波则认为“高等教育国际化既是一个历史现象，又是一个人为过程。从内容上看，其包括各种教育资源的跨国流动；就目的而言，旨在培养理解国际事务，能有效生活和工作在多样化世界的、面向世界的国际化人才；其功能除了能够影响和推动整个高等教育系统的改革和发展外，还逐渐发展成为衡量高等教育发展水平的重要标准”。

基于上述观点，高等教育国际化的发展模式主要具有以下特征：(1) 高等教育观念和战略的国际化，从国家层面制定促进高等教育国际化发展的战略和政策；(2) 教育内容的国际化，通过设立有关国际教育的新学科，增设相关专业或在原有课程中增加国外知识等，将国际化因素融合到正式的课堂教学之中；(3) 教育形式的国际化，加强外语教学是教育国际化的重要手段，具体表现为两个方面，一是加强对本国学生进行国际通用语的教学，二是加强对留学生进行本国语言的教学；(4) 人员的国际流动，其中留学生教育是重要表现，留学生教育不仅是许多国家出口创汇的主要来源，也为它们吸引和聚集了世界各地的优秀人才资源，促进了本国经济发展。

## 一、高等教育国际化的中国实践

### (一) 高等教育国际化的形式

进入 21 世纪以来，在经济全球化不断深入以及中国正式加入 WTO 的背景之下，中国高等教育国际化呈现出不断加速发展的趋势，在以下方面展开了丰富的实践。

#### 1. 课程和教学的国际化

课程和教学的国际化是高等教育国际化发展最为直接的表现形式。在现实实践中，国内高校纷纷开设国际性内容的课程，不断增强各专业和课程的国际性，积极利用海外资源。其中，加强以英语为主的外语教学成为共识。国家高度重视以英语为主的双语课程建设，在 2001 年颁布的《关于加强高等学校本科教学工作提高教学质量的若干意见》中，着重提出各高校要积极推动使用英语等外语进行公共课和专业课的教学，尤其是在一些发展迅速，国际通用性、可比性强的学科以及国家发展急需的专业，直接引进先进的能反映学科发展前沿的原版教材开展双语教学。

### 2. 留学生教育

留学生教育是中国高等教育国际化发展最传统的模式。相关资料显示，加入WTO以来，中国赴国（境）外留学的人数持续增加，约90%为自费留学，留学目的地主要集中在美国、英国、澳大利亚、加拿大等传统高等教育强国。同时，我国留学生归国率持续上升，与出国人数之间的差距呈逐渐缩小趋势。此外，来华留学生的规模也在不断扩大，中国已成为亚洲最大留学目的国，来华留学生生源国家（地区）200多个，其中前十位生源国依次为韩国、美国、泰国、巴基斯坦、印度、俄罗斯、印度尼西亚、哈萨克斯坦、日本和越南。

### 3. 学术人员交流与合作

学术人员的双向交流是实现高等教育国际化的重要举措。近年来，国家和地方高度重视培养国际化人才，在政策、资金等方面给予充分支持：一方面，选派学术人员到国外访学、研修或开展合作研究；另一方面，邀请国外知名学者来中国讲学和参加学术研讨会，学术人员的国际交流越来越频繁。同时，国家和地方也出台了一系列政策吸引海外高层次人才，如千人计划、浦江人才计划等。另外，国家也高度重视引进外籍教师，我国高校外籍教师数量不断增加，教师学历层次也不断提高。

### 4. 中外合作办学

中外合作办学是高等教育国际化发展的新模式，这种模式可以帮助我们快速了解、吸收国际上通行的教育模式及办学经验。较之传统的“课程交流”、“留学生教育”和“学术人员交流”，中外合作办学对于高等教育国际化发展有更深刻的影响。首先，中外合作办学基本涵盖了传统高等教育元素的跨国流动，如学生、教师、课程、教材等；但同时实现了新元素的跨国流动，主要表现在高等教育机构和高等教育提供者上，国内机构与国外机构合作开设学位课程，高等教育提供者在境外设置分支机构。其次，中外合作办学将跨文化、跨国界的观念纳入教学和研究，使得学生不用出国就可以在国内学习国际化的视野和跨文化的技能。最后，中外合作办学的方式引进了国际先进的教育与办学经验，帮助中国高等教育更好地走向世界，让世界更多地了解中国高等教育的特色，吸引越来越多的外国学生来华留学或者入读中国在境外的高等教育分支机构。

“引进来”和“走出去”是我国开展跨国办学的重要举措，即开展“中外合作办学”和“境外办学”。截至2017年底，我国和27个国家（地区）开展了合作办学，共2 539个项目和机构，其中本科及以上层次项目和机构1 248个，高职高专层次项目和机构928个，10个独立办学机构遍布全国28个省（区、市）。2003年以来，国内有20多所大学和机构到境外办学，如老挝苏州大学、厦门大学马来西亚校区等。同时，以传播汉语和中华民族文化为宗旨的非营利性机构“孔子学院”在多国开展办学，目前已经有120个国家（地区）建成了400多所孔子学院和600多个孔子学堂。

### （二）中外合作办学的基本情况

在不同的社会情境之下，跨国高等教育在世界各国的实践中逐步形成了具有本国特色的表现形式，其中，中外合作办学便是跨国高等教育在中国的特殊表现，具有强烈的中国色彩。中外合作办学作为高等教育国际化的重要表现之一，对于促进中国高等教育创新改革有着十分重要的价值。这能够创新育人模式，扩展人才培养模式，提升育人质量，以达到教育资源多元化的目的，满足经济进步和社会发展的需求。

#### 1. 发展概况

回顾中国高等教育的历史进程，中外合作办学的雏形最早可追溯到民国时期开办的各类教会大学，如圣约翰大学（Saint John's University，1879年）、燕京大学（Yenching University，1919年）、东吴大学（Soochow University，1900年）等。1986年，由南京大学和约翰斯·霍普金斯大学合作创办的南京大学-约翰斯·霍普金斯大学中美文化研究中心可谓现代意义上第一所中外合作办学机构。随着中国加入WTO和相关办学条例、规定的出台，中外合作办学呈现出加速发展的态势，短短十多年间出现了数以千计的项目和机构。

教育部的相关数据[①]显示（截至2016年11月17日），全国共有28个省（区、市）开展了本科及以上学历教育的中外合作办学活动（见图2-1），获批设立的中外合作办学项目和机构共1 200个[②]，其中机构共92个，项目为1 108个。在地域分布上，中外合作办学项目和机构大部分集中在东部地区，中部地

---

① 根据教育部中外合作监管工作信息平台公开的数据整理：http：//www.crs.jsj.edu.cn/index.php/default/index.

② 不包含已经退出办学及停止办学的项目和机构（总计6个）。

区次之，西部地区则最少（见图 2-2）。

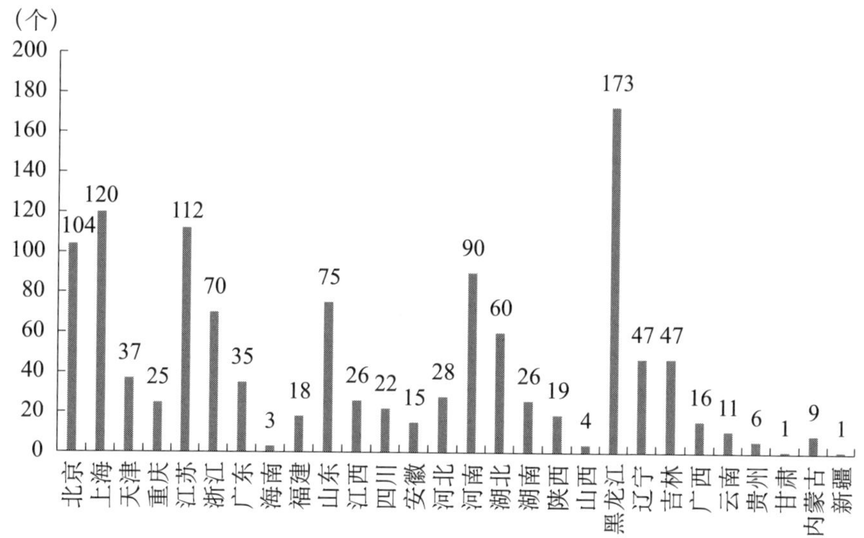


**图 2-1　中外合作办学项目和机构数量统计**

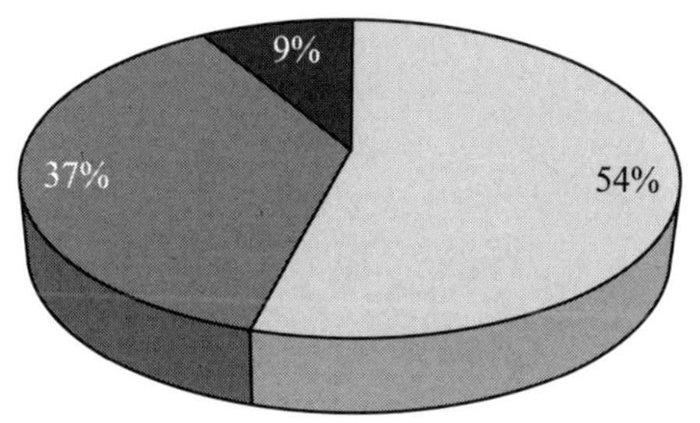


**图 2-2　中外合作办学项目和机构地域分布情况**

在已成立的中外合作办学机构中，从办学层次看，有 69 个机构提供本科教育，34 个机构提供硕士及以上的教育，11 个机构同时提供本科和研究生教育；从机构属性看，二级学院性质的机构共 83 个，拥有独立法人资格的机构共 10 个，除长江商学院之外其余都以本科教育为主，分别是宁波诺丁汉大学、西交利物浦大学、上海纽约大学、昆山杜克大学、温州肯恩大学、香港中文大学（深圳）、北京师范大学-香港浸会大学联合国际学院、深圳北理莫斯科大学、广东以色列理工学院。在数量上，中外合作办学机构的发展并不如中外合作办学项目那样迅速，这主要可归结为两方面的原因：一是成立机构的申报程序更为复杂，教育主管部门对其的审批也更为严格，尤其是申请具有独立法人资格的机构；二是机构的设立不仅需要办学合作方之间进行多方面的协商与洽谈，也需要平衡其他方面的意见和要求。

从合作办学的国家（地区）范围上看，当前中外合作办学涉及的外方学校所属国家（地区）共27个（见表2-1），合作方主要集中在欧美国家（地区），其中与英国合作办学的数量位列榜首，其次是美国、澳大利亚、俄罗斯、加拿大。

**表2-1　外方合作学校所属国家（地区）分布**

| 欧洲 | | 北美洲 | 亚洲 | 非洲 | 大洋洲 |
|---|---|---|---|---|---|
| 英国<br>德国<br>丹麦<br>芬兰<br>葡萄牙<br>爱尔兰<br>意大利<br>比利时 | 法国<br>瑞典<br>瑞士<br>挪威<br>荷兰<br>俄罗斯<br>西班牙<br>白俄罗斯 | 美国<br>加拿大 | 日本<br>韩国<br>中国香港<br>中国台湾<br>新加坡<br>印度 | 南非 | 澳大利亚<br>新西兰 |

2. 政策与制度环境

改革开放以来，中外合作办学逐渐发展起来，数量与类型与日俱增。1993年，第一份关于中外合作办学的政策文件《关于境外机构和个人来华合作办学问题的通知》发布。该通知主要强调了两点：一是明确中外合作办学存在的意义，即多种形式的教育对外交流和国际合作是我国改革开放政策的重要组成部分，有利于中国教育事业的发展；二是提出了中外合作办学需要遵循的基本原则，用来解决各地在办学实践中遇到的各类问题。虽然这一通知的出台是迫于办学数量增多的现实压力，却也在一定程度上弥补了正式法规出台前的政策空白，为中外合作办学提供了指导与帮助。1995年，国家教委正式颁布实施《中外合作办学暂行规定》，对中外合作办学的设置、运行和监督给出了较为全面、详细的解释，促使中外合作办学活动向法制化与规范化发展。

2001年，中国正式加入WTO。为更好地适应高等教育国际化发展需求，2003年，国务院发布《中外合作办学条例》（《中外合作办学暂行规定》同时废止)。2004年，教育部出台《中外合作办学条例实施办法》，对《中外合作办学条例》中的相关文件进行解释。随着指导性文件的发布和出台，中外合作办学进入快速发展期，中外合作办学的规模不断扩大，但数量的激增也导致诸多方面的问题。为此，教育部陆续出台了相关文件约束和规范办学行为，如《关于做好中外合作办学机构和项目复核工作的通知》（2004 年）、《关于当前中外合作办学若干问题的意见》（2006 年）、《关于进一步规范中外合作办学秩序的通知》（2007 年）。

其后，中外合作办学项目和机构的规模基本趋于稳定，质量保障成为新的关注焦点。2009 年，教育部下发《关于开展中外合作办学评估工作的通知》，要求对已经成立的中外合作办学项目和机构进行定期评估，以保障中外合作办学质量并促进其可持续发展。根据 2013 年公布的评估结果，全国有 88 个项目因评估不达标被要求退出办学，约占当时项目总数的 10%。同时，国务院 2010 年颁布的《国家中长期教育改革和发展规划纲要（2010—2020 年）》再次强调关注中外合作办学的质量建设，明确指出要从“加强国际交流与合作”、“引进优质教育资源”和“提高交流合作水平”三个方面推进中外合作办学。此外，2011 年以来，从教育部的全年工作要点中亦可见得其对中外合作办学质量的重视，如 2011 年为“多种形式推进中外合作办学，引进优质教育资源。建立中外合作办学质量保障机制”，2012 年为“加强行业自律，建立和完善质量保障制度，开展评估和质量认证”，2013 年为“引进一批境外高水平大学来华合作办学”，2014 年为“优化中外合作办学类别、学科结构和地区布局”，2015 年为“加强中外合作办学和自费出国留学中介服务机构监管”。至此，中外合作办学从规模扩展的外延式发展转变为质量提升的内涵式建设。

### 3. 办学模式

中外合作办学主要分为项目和机构两种模式，其中机构又可以按照“独立法人资格”划分为二级学院与独立设置的机构。

（1）中外合作办学项目。

中外合作办学项目是指中国教育机构与外国教育机构以不设立教育机构的方式，在学科、专业、课程等方面进行的合作办学项目。此类型办学通常设立在中国教育机构之中，由中方负责招生，中外双方共同负责人才培养目标和教学计划的制订及课程的组织和实施工作。合作项目与主体高校关系较为紧密，可共享中方主体高校的各类教育资源，但必须接受主体高校的直接管理和约束。

在实际办学中，中外合作办学项目主要具有如下特征：1）目的性。虽然没有独立法人地位，但是项目合作各方必须遵守有关合同或协议对双方权责利的保护和约束，必须在一个时间段内完成教育教学工作，实现合作培养人才的根本目的。2）阶段性。一个合作项目通常只有较短的周期，按照协议规定时段结束后，就可以选择终止该项目，也可以选择续签，对项目进行续接和更新。3）灵活性。中外合作办学项目通常不需要过多的审批手续，所以相对来说投资少、启动快，风险也相对较小。

(2) 中外合作办学二级学院。

中外合作办学二级学院通常是指，在中方主体高校领导下，由中方高校作为法人代表与国外高等教育机构共同举办合作办学活动。这类机构本身不具有法人资格，是设置在中方主体高校内的中外合作办学机构，如上海交通大学密歇根学院、东北财经大学萨里国际学院、中国人民大学中法学院等。

中外合作办学二级学院在一定程度上兼具了中外合作办学项目和机构的特性。首先，二级学院具有相对独立性，拥有一定的办学自主权，可以独立开展招生活动，可以独立设置教学计划、教学活动，可以独立招聘师资。在财务管理上二级学院也相对独立，可以有独立的财务会计机构和人员，可以有独立的账目，在一定额度内有权支配自己的办学经费。在行政管理上，通常会有理事会或联合管理委员会等独立管理机构。其次，二级学院对中方合作机构又有一定的依附性，在管理和办学等方面很大程度上要接受中方主体高校的制约，其管理机构的成员大多数来自中方机构，行政管理人员和教师也多由中方委派，招生方面也须协同中方机构的招生政策。由于其自身兼具的双重属性，二级学院既发挥了项目的灵活性又避免了其不规范性，在降低成本和规避风险的同时也发挥了机构管理的优势。但是，这一属性也导致二级学院在办学中存在不足，比如管理上受中方学校过度干预，挤占中方教育资源与招生指标，经费投入上缺乏稳定保障，等等。

(3) 独立设置的中外合作办学机构。

独立设置的中外合作办学机构是由中外双方共同投资，形成合作学校独立、自由的法人财产，具备法定办学条件，能够独立承担办学责任，并获得国家教育行政部门批准的中外合作办学机构。

从其办学活动来看，独立设置模式拥有较大的办学自主权，有利于合作双方长期深入开展合作，树立和形成自己的品牌。但是这种合作模式要求有大量的资金投入，特别是开办初期，需要有雄厚的资金用于基础设施建设。除创办经费外，机构的运行经费开支也比较大，且主要依靠学校自筹经费，因此通常要求有一定的办学规模来支撑其良性运行和发展，经营和管理要求较高，办学风险大。

综上所述，从办学性质与活动上看，这三种模式各有优劣。在办学运行上，中外合作办学项目和二级学院创建所需周期短、经费少、规模小，便于开展；独立设置的中外合作办学机构需要的周期长，办学活动开展需要大量的经费投入，规模相对较大。在管理上，中外合作办学项目和二级学院由于依托于中方合作院校，部分管理活动均参照中方既定工作流程，管理事务内容简单，工作量相对较少，但容易受中方合作院校的过度干预；独立设置的中外合作办学机构在管理上要求较高，需要建立完备的管理架构和体系，管理压力大，但同时也有较大的自主权，可以自行决定运营中的相关事务，而免受合作院校的过度干预。在品牌建设上，中外合作办学项目和二级学院充分利用中方合作院校的品牌优势和资源来进行宣传与推广，更好地吸引优质生源；独立设置的中外合作办学机构由于其独立性，需要在品牌建设上投入更多的资金与人力，并以此扩大影响力，吸引更多优质生源。

虽然这三种模式各有优劣，但在中国高等教育国际化深入发展的进程中，它们均扮演着重要的角色。中外合作办学项目和二级学院在国际化发展中主要承担着“引进来”的作用，通过与外方机构的合作，引进国际上先进的教育理念和办学经验，为中国高等教育的发展提供有益的借鉴。相比之下，独立设置的中外合作办学机构，不仅引进了国外优质的教育资源与先进的教育经验，更融合了本土的教育特色并进行创新，设计出既符合国内发展现状又符合国际标准的教育模式；不仅完成了“引进来”的任务，更通过合作与创新建立了国际大学，将中国高等教育推向世界。

## 二、中国土地上的国际大学

大学国际化指大学跨越国界行使其功能的活动，在不同的历史时期，这种活动的形式、频度和内容都有差异，主要经历了大学的国际维度、大学的国际教育和大学的国际化三个阶段。现在，大学国际化已成为高等教育的一个重要话题，也是未来高等教育发展的重要趋势。各个国家和大学都制定了大学的国际化战略，以争夺未来高等教育的制高点。然而，深入推进大学国际化，必须建立在历史的视角和充分理解大学国际化本源的基础上。当前是一个大学反思的时代，在知识经济、经济全球化、信息和通信革命的影响下，大学需要重新思考自身的价值、功能、形态等，而大学国际化为这种反思和变革提供了很好的视角。但是，大学要实现的“国际化”不是简单的“西方化”或“欧美化”。不同国家的高等教育都深植于本国的社会发展与文化环境之中，具有浓厚的本土化特色。因此，对于中国大学而言，实现国际化应当根据中国的发展现状和教育经验，探索适宜的、独具特色的大学发展路径。

大学的国际化应当从三个层面去实现：首先，在目标层面，大学要积极参与国际事务、影响和改变世界。当代大学要以国际视野重新理解大学的意义和价值，要把参与国际事务、影响和改变世界（当然包括本国和国际）作为办学的最终目标。未来的大学主要是营造一个科学社区，不同背景的人群在社区中自由互动、各取所需，而大学的功能就是制造氛围和平台，为社区人群提供机会，帮助他们在国际舞台上发挥作用。要实现这些目标，大学需要培养在国际舞台上发挥作用的人才，并形成一支有国际学术影响力的教师队伍，帮助大学师生提升国际竞争力，以卓越的科研成果为人类社会发展做出贡献，同时探索影响本国乃至世界高等教育的新模式，通过创新适应时代的发展，推动世界高等教育的改革进程。其次，在机制层面，大学要构建发挥国际影响力的内部机制。要发挥国际影响力，大学须吸收国际最先进的理念、模式、技巧和方法，从而能够容纳来自世界各种文化区域的学习者和工作者，培养出国际化的人才，从事国际级的研究。最后，在要素层面，大学要善于整合国际资源。整合国际资源即通过全世界招生、师资全球招聘、课程国际化等多元化策略来提高国际化水平。整合国际资源不仅需要关注如何提升多元化水平，也要思考如何实现多元的和谐共存。中外合作大学作为跨境高等教育在中国发展的特殊实践，有力推动着中国高等教育国际化发展的进程。

从中国国内已经建成的几所中外合作大学的办学实践来看，无不在践行着国际化发展的战略。首先，在学校的愿景和使命的设置上，这些学校都以“建设国际大学”、“培养世界公民”以及“服务社会与人类”为目标（见表 2-2)。其次，在组织架构上，采用联合治理的模式，不仅有中外双方合作院校参与办学管理，更有如政府、企业等利益相关者加入其中，可以为办学运行营造国际化与多元化的管理环境，也可以整合更多的资源用于办学，如宁波诺丁汉大学由于是企业与院校合作，其理事会成员就由企业代表和诺丁汉大学代表共同组成，而上海纽约大学与昆山杜克大学，则属于地方政府、中方院校与外方院校合作办学，其最高决策机构则由这三方的代表共同构成。最后，这些大学在资源引进方面表现突出，将外方合作院校先进的教育理念、方法和模式引入国内，为国内的学生提供优质资源，如宁波诺丁汉大学和上海纽约大学是全面引进国外课程，而融合中外双方合作院校的优势建立独立的课程体系；如西交利物浦大学正是考虑双方合作院校的学科优势，确立适合本校发展的学科类别和教育模式，并实施自主招聘，组建符合自身发展要求的师资团队，建立自身独具特色的管理架构与运行体系。

**表 2-2　9 所中外合作大学的愿景和使命**

| 学校 | 愿景和使命 |
| --- | --- |
| 北京师范大学-香港浸会大学联合国际学院 | 愿景：创新国际教育，开创中国高等教育新特区<br>使命：创建内地首家“博雅”大学，培育国际“精英”人才 |
| 西交利物浦大学 | 愿景：研究导向、独具特色、世界认可的中国大学和中国土地上的国际大学<br>使命：培养具有国际视野和竞争力的高级技术和管理人才；积极为经济和社会发展提供科技与管理服务；在人类面临严重生存挑战的领域有特色地开展研究；探索高等教育新模式，影响中国甚至世界的教育发展 |
| 宁波诺丁汉大学 | 学校致力于做中国最好的国际大学，改变和丰富人们的生活，对社会和公众产生积极的影响力。我们为学生提供改变他们人生的经历和体验，培养学生的创新视角、通用技能和全球视野，激励学生成长为富有创造力、自信心和责任感的专业人才和公民 |
| 上海纽约大学 | 上海纽约大学致力于践行当代高等教育的最高理想，将纽约大学全球教育体系中丰富的智力资源融入灿烂的中国文化，带领学生获得学业与精神的双重收获，培养他们成为人生旅程的领导者，在无涯的学海中求索关于人与自然的新知卓见 |
| 广东以色列理工学院 | •以一流大学为建设目标，力推创新研究、环境保护和社会繁荣；<br>•提升广东省的创新水平及竞争力，为中国和以色列的进步、发展，为人类福祉做出贡献<br>•作为以色列理工学院的“力作”，广东以色列理工学院将根植于博大精深、底蕴丰厚的中国文化土壤，致力于创业与创新，打造一所世界领先的科研型大学<br>•广东以色列理工学院将密切与当地业界和硕博士、博士后等最高研究水平学者的联系，着力培养开拓型领袖和科研人员 |

续前表

| 学校 | 愿景和使命 |
| --- | --- |
| 温州肯恩大学 | 温州肯恩大学致力于“为不同的学生找到不同的发展方向”，引进借鉴美国优质大学的办学资源、理念和模式，紧密结合中国国情与区域经济文化的发展需求，建设一所以学生为本、创新包容、多元发展、特色鲜明的世界级教育水平的国际化大学。学校的人才培养目标是：融合中美国际教育教学方法，培养具有全球视野，通晓国际规则和事务，具备创新、创造和开拓能力的国际化人才。在发展路径上，从教学型大学起步，以开展高水平国际合作研究为突破口，向教学与科研并重发展，逐步发展成为具有世界级教育水平的研究教学型大学。在价值取向上，坚持中外合作办学的公益性原则，实行非营利性办学，中美双方均不从中获取利润 |
| 昆山杜克大学 | 昆山杜克大学以引领高等教育的未来为目标，凝聚中美两国高等教育传统，承载杜克大学和武汉大学响应不断变化的全球高等教育需求的共同愿景。两所创办高校丰富的历史传承将激励昆山杜克大学不断追求学术卓越与正直，并以知识服务于社会。昆山杜克大学设置的学术项目面向社会的未来需求，以通识博雅教育传统为基础，注重解决问题的能力，鼓励学生学以致用。昆山杜克大学的创新性学术项目将激励学生掌握严谨的学术课程，激发创新思维，为所面临的全球性挑战开发创造性的解决途径，不仅为学生在具体领域的就业做好充分准备，更致力于将他们培养成为具有国际视野的领军人物和世界公民 |
| 香港中文大学（深圳） | • 通过在宽广学科领域的优质教学和研究，以及对社会大众的服务，致力于对人类知识的创造、传承和应用，以适应社会的需求，促进珠三角地区、全中国乃至世界的发展，贡献社会，造福人类<br>• 努力成为区域、全国及国际公认的一流研究型大学，在中英双语及全球视野的教育教学、学术成果及社会贡献等诸多方面，均达到卓越水准 |
| 深圳北理莫斯科大学 | 学校是国内第一所引进俄罗斯优质教育资源的中外合作大学，以建设独具特色的世界一流国际化综合性研究型大学为目标，承载着国家“一带一路”倡议发展人才培养的光荣使命，致力于开展精英教育以及高水平的研究和创新活动，为中俄战略合作与区域经济社会发展培养高质量的创新人才，提供高水平的学术成果 |

## （一）大学国际化的基本情况

中外合作大学联盟成立于 2014 年 6 月 4 日，理事会成员由经教育部批准的具有独立法人资格的中外合作大学组成（见图 2－3）。中外合作大学联盟将在两个方面发挥作用。一是每年举办“中外合作大学校长论坛”，增强联盟成员之间的交流和沟通，研讨在中外合作办学实践中的共同问题和应对方案，分享各自在办学实践中的经验和教训，从而推动我国中外合作办学事业的健康发展。二是凝聚中外合作办学法人机构的力量，丰富中外合作办学机构之间的交流和沟通并增进共识，为国家高等教育改革发展建言献策、提供高水平智力支持，推动国家高等教育的全面深入改革和健康发展。中外合作大学联盟的核心目标是分享经验、共享各校的最优教学实践和教学理念。同时，它试图构建和发展中外合作办学话语体系，共同向社会和政府发出声音，增强中外合作办学对国家高等教育改革发展的影响力，把教学实践经验向外传递，供国内其他高校参考。经过多年的发展，它目前有 9 所院校（见表 2-2），每年成员院校都会举办“中外合作大学校长论坛”，研讨中外合作办学实践遇到的问题，分享经验和教训，共同探讨问题的解决方案。

**图 2-3　中外合作大学联盟第一届理事会**

1. 合作模式

目前，中外合作大学主要采用三种合作模式。第一种合作模式是中国大学与国外或者香港特别行政区大学的联合，这类学校包括西交利物浦大学、北京师范大学-香港浸会大学联合国际学院以及广东以色列理工学院（见图 2-4）。

西交利物浦大学创立于2006年，是由西安交通大学和利物浦大学合作的拥有中国学士学位授予权和英国学士学位授予权的中外合作大学，位于江苏省苏州独墅湖高等教育区。西交利物浦大学目前有17个院系、3个教学中心，专业范围涵盖多个领域以及跨学科专业，开展本科、硕士以及博士的教学与研究工作。发展至今，西交利物浦大学在校生达到15 000余人。北京师范大学-香港浸会大学联合国际学院是由两所大学成立的首家中国内地与香港高等教育界合作创办的大学，目前坐落于广东省珠海市。自2005年成立至今，北京师范大学-香港浸会大学联合国际学院已发展成为一所拥有独特教育理念的国际化大学，设有工商管理学部、文化与创意学部、人文与社会科学学部及理工科技学部4个学部，下设23个专业方向，开设本科、硕士与博士专业课程。另一家位于广东省汕头市的广东以色列理工学院是由享誉全球的知名高等学府以色列理工学院与汕头大学合作的一所具有独立法人资格的中外合作大学。广东以色列理工学院于2016年12月5日获得教育部正式批准成立，2017年开始招生。广东以色列理工学院的教学语言为英语，最终将设置涵盖工学、理学和生命科学三个领域的10个专业，在校学生规模达到5 000人，学校依法授予学士、硕士及博士学位。

**图2-4　第一种合作模式学校**

第二种合作模式是中国企业与国外大学的合作伙伴关系，这类学校只有宁波诺丁汉大学一所（见图2-5）。宁波诺丁汉大学创建于2004年，位于浙江省宁波市，由英国诺丁汉大学与浙江万里学院合作创办，是中国第一所具有独立法人资格的中外合作大学。大学拥有三大学院——商学院、人文与社会科学学院、理工学院，并设有15个研究机构，在校注册学生有8 000余名，来自70多个国家（地区）。

图 2-5　第二种合作模式学校

第三种合作模式是中国大学与国外大学或者中国内地地方政府与中国香港特别行政区大学的三方合作关系，这类学校包括上海纽约大学、温州肯恩大学、昆山杜克大学、香港中文大学（深圳）和深圳北理莫斯科大学（见图 2-6)。其中，前三所学校分布在江浙沪地区，其余两所学校位于深圳。上海纽约大学是由华东师范大学和纽约大学合作创办的独立院校。该校创办于 2012 年，次年招收首批学生，下设文理学部、工程与计算机科学部和商学部等三个主要学部共 19 个专业方向。温州肯恩大学的两所合作院校是温州大学和美国肯恩大学，位于浙江省温州市。2014 年 3 月 31 日，教育部正式批准设立温州肯恩大学。学校办学规模近5 000 名全日制在校生，办学层次以本科教育为主，适度发展研究生教育，主要发展经济与管理、技术与数学、艺术设计、教育与心理、健康与康复科学等专业群。昆山杜克大学是一所非营利性的中美合作办学机构，由杜克大学和武汉大学联合创办，2013 年 9 月获得教育部正式批准设立，并于 2014 年 8 月迎来了首批学生。在初期的发展中，昆山杜克大学以硕士生培养项目为主，大学目前开设了 5 个专业的硕士研究生教育项目，分别是医学物理理学、全球健康理学、环境政策学、管理学以及电子与计算机工程学。同时，大学已正式启动学士学位教育项目，首届本科生于 2018 年秋季入学。香港中文大学（深圳）是由深圳市政府、深圳大学与香港中文大学合作创立的一所综合性大学，成立于 2014 年 4 月 28 日。学校下设 4 个书院，有来自全球的 3 000 名学生。学校有 11 个专业招收本科生，涵盖了多个学科领域。同时，学校还有若干专业设置了硕士生和博士生的培养项目。2016 年 10 月 27 日，深圳北理莫斯科大学获得教育部正式批准设立。2017 年，学校首次面向全社会招生，本科教学开设国际经济与贸易、外国语言文学（俄语）、数学与应用数学、材料科学与工程、生物科学 5 个专业，共计招收学生 113 人。硕士教学招收纳米生物技术与基础、系统生态学、俄罗斯语言文学 3 个专业，共计招收学生 23 人。其中，前两个硕士专业为英语授课。学校长期目标是计划在校生规模达到 5 000 人。

**图 2-6　第三种合作模式学校**

9 所中外合作大学全部面向国际招生，吸引国内外先进的师资资源，绝大部分专业采用全英文的授课方式进行本、硕、博项目的学生培养。9 所中外合作大学除了西交利物浦大学和广东以色列理工学院之外，将会授予本科毕业生外方院校的国际学位。这两所学校的本科教育采用双学位体系，除了授予外方院校的本科学位之外，还将授予本学校经教育部审批的中国学士学位，并颁发学位证书和学历证书。

2. 治理模式

9 所中外合作大学都是采用西方先进的董事会治理模式，成立由多方代表组成的董事会或理事会共同治理大学事务，制定学校发展战略规划。在一般情况下，董事会或理事会的会长职务由中方学校的代表担任，但是昆山杜克大学和香港中文大学（深圳）的理事会会长由外方指派代表出任。从董事会或理事会的成员组成来看，通常情况下是合作院校双方在人数上各占一半，地方政府或企业可以派出各自代表担任董事会或理事会成员。例如，北京师范大学-香港浸会大学联合国际学院的董事会共有 11 名成员，其中 6 人来自北京师范大学、5 人来自香港浸会大学；西交利物浦大学董事会的 9 名成员中，5 人来自西安交通大学、4 人来自利物浦大学；香港中文大学（深圳）的董事会由 4 方代表构成——8 人来自香港中文大学、3 人来自深圳大学、4 人来自当地政府部门、1

人来自地方企业；宁波诺丁汉大学的董事会有 8 位中方代表、4 位英国诺丁汉大学代表。董事会是各个学校的最高决策机构，对学校重大事务有最终决定权。

另外，每个学校都设有高管团队制定并执行学校战略发展规划。多方的合作伙伴关系中伴随着复杂的利益关系，并且每个合作伙伴都有各自的目标和任务。在多数情况下，大学校长由中方学校推荐，执行校长或者首席执行官的任命需要经过外方学校选派担任，但从目前的情况看，在全球范围内招聘执行校长成为新的发展趋势。合作方在大学的日常运营和管理中承担着不同的职能：外方主要负责学术事务和质量保障体系的管理和监控，中方负责大学的日常运营以及对外沟通联络方面的工作，地方政府执行对大学的监管职能，并提供必要的资金支持。

3. 9 所中外合作大学对比

9 所中外合作大学由于各自学校的管理机制以及当地高等教育体制和制度的不同，在运营模式上呈现出不同的特点。经过对比与总结，可以归纳出三种不同的运营模式。第一种运营模式是国内学校作为外方学校在国内的教学中心，与外方学校有一定的师生流动，外方学校会定期派遣教师和学生到国内学校进行授课与学习，加强双方的互动与交流。这类学校采用双重的录取机制，即学生的录取既需要学生自己递交申请材料，按照外方学校的录取标准走申请流程，也需要把学生的高考成绩作为学校考察对象从而择优录取的条件。在一般情况下，教学中心性质的学校每届招生数量较少，学校规模较小。第二种运营模式是外方学校在国内设立的分校区，是外方学校全球化发展战略的一部分。在大多数情况下，这类学校与外方学校没有师生的流动，学生可以选择在国内校区完成全部学习内容，学生的录取遵守高考的相关制度与流程。前两种运营模式的学校严格拷贝并遵循外方学校的课程体系，授课内容、课程大纲、学习成果、人才培养模式完全相同。第三种运营模式与前两种相比，在课程设置方面具有较大的差别。这类学校并非完全照搬外方学校的课程体系和教学大纲，而是在融合中外学校教学优势的前提下逐步建立与发展独立课程体系，这种体系既能满足双方学校的教学质量和学习成果要求，又能适应当地市场需求，培养具有国际视野和全球竞争力的世界公民。

### （二）大学国际化的创新模式：以西交利物浦大学为例

西交利物浦大学正是这样一所勇于创新的国际大学，作为我国首家强强联合、以理工管起步的中外合作大学，它在建校伊始就决定为国家乃至全球教育事业改革和发展进行积极探索，确立了“研究导向、独具特色、世界认可的中国大学和中国土地上的国际大学”的办学愿景。通过几年的探索，它已经形成了一整套大学持续发展的理念和做法，并构建了三个层面、多维度的国际化战略体系（见图 2-7）。

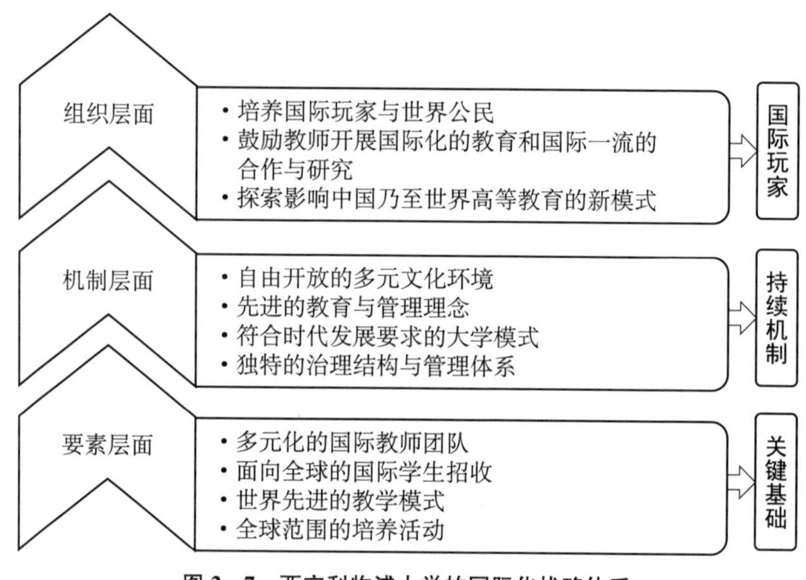


**图 2-7　西交利物浦大学的国际化战略体系**

1. 要素层面的国际化

要素层面的国际化是高等教育中最普遍的国际化途径，主要指学生、教师、课程教学和研究活动等要素的国际化与多元化。西交利物浦大学在要素层面的国际化战略体现为：

（1）生源招收的国际化。

国际留学生教育的发展是体现一个大学国际化的重要指标。西交利物浦大学高度重视国际留学生教育：学校于 2010 年正式招收国际学生，学生数量实现每年增长，增幅在 40%～50%；学生修学类别不断增加，当前以本科教育为主，约占总数的 60%，硕士教育、博士教育以及语言项目等均有不同数量的学生修读；学生的来源地分布不断扩大，涵盖亚洲、非洲、欧洲、北美洲、南美洲、大洋洲等地的 60 多个国家（地区）。短短几年之内，西交利物浦大学的留学生教育发展取得了显著成就，这不仅得益于西交利物浦大学办学声誉的不断提升，更重要的是学校在引进国际留学生政策方面做出的巨大努力，尤其是在招生标准、奖学金政策、语言课程、生活服务等方面提供的强大支持与保障。

(2) 师资招聘的国际化。

为确保师资队伍的国际化，西交利物浦大学严格遵循世界知名大学的师资标准，在全球范围内进行教师招聘。学校的招聘主要通过两大渠道实现：一是国际顶级教育猎头公司，用以招聘系主任以及学科带头人；二是《泰晤士报高等教育专刊》，欧洲、北美洲专业学科招聘网站等专业渠道，用以招揽各个学科的专业教师。招聘的流程通常分为三个部分：首先是每年两次（5 月、12 月）发布的招聘公告；其次是对应聘者简历的筛选，通常由学科带头人、系主任以及大学共同审核，随后是专业面试，面试由来自各学科的专业人士共同组成的跨学科面试团队负责实施；最后是录用前的背景调查，学校会深入了解应聘者的社会背景等具体信息以决定最终的录用。同时，学校会提供具有国际竞争力的薪资标准及福利待遇，以吸引国际优秀人才，于 2015 年建设完成的附属学校也会进一步解决外籍教师子女来中国就读的教育方面的后顾之忧。

当前，学校已经形成了多元化的国际级师资队伍，并使得英语成为统一的工作与教学语言。在现有的 700 多名教师中，80%为外籍人士，分别来自 50 多个国家（地区）。这些教师均具有世界知名大学的博士学位以及丰富的国际教学科研经验，有的甚至是该专业领域的顶尖专家。

(3) 培养活动的国际化。

依托于合作办学的优势，西交利物浦大学充分借鉴国外高等教育的有益经验，实现了培养活动的国际化。在课程教学上，学校采用了国际通用的课程组织形式，包括讲座课、研讨课、辅导课、实验或实践课、实地考察课等多种类型。同时，学校在学位课程中实施全英文教学，并配套使用与欧美高校同步的课程教材，确保学生学习到最前沿、最全面的学科知识。

在学业评价上，学校遵循英国的质量保障与监控体系，建立了严苛的淘汰升级制度，学生只有顺利通过每学年规定的课程才能进入下一学年的学习。对于课程不及格的学生，学校会给予一次补考机会，若补考仍然不能通过，那么就将面临课程重修。这项升级制度在建校伊始就得以确立并一直严格执行，2006 年进入学校学习的第一届学生共有 164 人，然而到 2010 年实际毕业的学生仅有 136 人，剩下的学生中有相当一部分是因为补考不通过或者考场作弊等原因而受到了留级处分。同时，在最后一学年的学位评定中，学校也参考英国的荣誉学位制度建立了严格的学位等级体系，学生的学业成绩将最终决定学校授予的学位等级。学校会根据第三、四学年的平均成绩（两学年总成绩按照3∶7的比例计算）将学位划为四个等级：一级学士学位，70分以上；二级甲等学士学位，60～69分；二级乙等学士学位，50～59分；三级学士学位，40～49分；“通过”学士学位（非荣誉学位），40分以下且所修总学分不低于160分。通过构建国际化的学业制度，学校有力地保障了人才培养的质量与水准。

在国际交流上，学校为学生提供丰富的海外学习机会，帮助学生拓宽国际视野、增强跨文化适应能力以及全面提升国际竞争力。当前，西交利物浦大学已经构建了全面的访学交流体系，为学生的全球流动提供可能。一方面，学校与世界知名高校合作开设交流访学项目，学生前往合作学校修读课程并获得相应学分；另一方面，学校加入海外学习基金会（Study Abroad Foundation），在全球范围内向学生提供高水平的海外学习项目。

需要指出的是，要素层面的国际化不仅需要关注如何提升多元文化，也需要思考如何实现多元的和谐共存。异质同构是西交利物浦大学遵从的理念，即追求要素的异质化，也关注不同要素之间共处的规则，这样才能达到有序，才可能持续发展。

### 2. 机制层面的国际化

机制层面的国际化主要体现在治理体系、管理方式、行为模式以及文化氛围方面。西交利物浦大学充分吸收整合国际最先进的理念、模式、技巧和方法，从而构建了独具特色的大学机制，具体表现为：

（1）创建自由开放的多元文化环境。

作为一所全新的大学，西交利物浦大学没有文化积累和固定的规范，这使得西交利物浦大学可以按照自身的需求，培育和形成自己的行为规范和文化特质。同时，国际化的人员构成也进一步促进了跨文化交流和沟通的产生，使得学校可以更好地借鉴和吸收不同文化的优秀经验。但是，国际化的人员构成也成为西交利物浦大学管理的最大挑战，学校需要深度思考如何能让这些来自全球各地，具有不同文化背景、专业训练、学术习惯、教学方式的人员在发挥其独特性和差异化带来的创新性优点的同时，共同探索和践行西交利物浦大学的育人理念、教育模式，形成西交利物浦大学的最佳实践。然而，实现这种转变不是一蹴而就的，需要花费大量的时间与精力，探讨共同价值追求，改革和调整现有模式，建立配套的体系与制度，形成新模式并长期坚持新模式，从而慢慢变成西交利物浦大学的习惯和文化。

为了更好地实现教师的改变，西交利物浦大学进行了多样的尝试与探索。首先，鼓励教师不断学习，敢于创新，勇于挑战传统，为此学校在管理和文化上进行变革，如减少制度壁垒，为教师创新活动的开展提供有力支持。其次，通过职业资格培训、新员工入职培训、职业发展论坛等传播和鼓励变革。例如，学校每个月都会向全体员工提供各种类型的职业资格培训（见表 2－3），帮助他们更好地开展教学活动，获得前沿的专业知识与职业技能，构建跨文化的领导力，实现中西方文化的有效融合，从而更好地践行西交利物浦大学的国际化办学愿景和使命。

**表 2－3　西交利物浦大学为员工提供的职业资格培训日程**

<table>
<tr><td rowspan="5">10月</td><td>28</td><td>29</td><td>30</td><td>1</td><td>2</td><td>3</td><td>4</td><td>第三周</td></tr>
<tr><td>5</td><td>6</td><td>7</td><td>8<br>教师发展办公室集中答疑</td><td>9</td><td>10</td><td>11</td><td>第四周</td></tr>
<tr><td>12</td><td>13</td><td>14<br>教师发展工作坊：同行评议培训</td><td>15</td><td>16</td><td>17</td><td>18</td><td>第五周</td></tr>
<tr><td>19</td><td>20</td><td>21<br>教师发展工作坊：跨国教育</td><td>22<br>教师发展办公室集中答疑</td><td>23</td><td>24</td><td>25</td><td>第六周</td></tr>
<tr><td>26<br>教师发展工作坊：学与教的理论和实践<br>教师发展工作坊：学习风格与教学策略</td><td>27<br>教师发展工作坊：学业测评的原则与实践<br>教师发展工作坊：利用技术做在线测评</td><td>28<br>教师发展工作坊：反思学习<br>教师发展工作坊：学生学习反馈</td><td>29<br>教师发展工作坊：学与教的质量保障<br>教师发展工作坊：抄袭的识别</td><td>30<br>教师发展工作坊：高等教育中的教学评估实践<br>教师发展工作坊：研究导向型教学</td><td>31</td><td>1</td><td>第七周</td></tr>
</table>

(2) 遵循网络时代的学习特征，应用世界前沿的教育技术。

计算机网络技术的飞速发展彻底改变了整个世界，也使得教育开始朝着信息化、社会化和网络化的方向发展。在这一时代背景之下，学生的认知行为模式也发生了重大的变化，他们更习惯于快速获取信息，擅长多任务处理模式，喜欢即时的肯定和频繁的奖励，更依赖网络的联通性，喜欢迅速适时的反馈和肯定，倾向于基于文本的交流。学习行为的改变，在很大程度上是由学习环境的变化所导致的。要适应网络化时代的学习特征，学校需要构建符合时代发展的学习支持系统和环境。在此，西交利物浦大学充分考虑网络化时代以学生为中心组织和配置资源的特征，采用各类国际先进的教育技术、教学辅助设备、在线教学课程平台等，提供了较为先进、完整的学习支持系统和环境。

从建校之初，西交利物浦大学已经建立了较为先进、完整的信息网络系统，包括图书馆系统、学生档案管理系统、网络教学系统以及教学管理系统。其中，学生每天面对的是一个虚拟学习环境，采用面向对象的模块化动态学习环境(modular object-oriented dynamic learning environment，MOODLE) 系统搭建，在校内被称为爱思 (interactive communication education，ICE)。在爱思系统中，每门学科的教学大纲、课件、讨论习题全部上传供学生下载，同时通过该系统实现学生之间、学生与教师之间的互动，比如课后的问卷调查、学生论坛等。在课堂之外，全校实行学生导师制，每个学生会分配到一个负责其大学四年课外学习生活的辅导导师。所有与教学相关的材料都会上传至课程虚拟学习环境网络平台，以方便学生提前下载每周的课程演示文档、教学材料和其他学习资源，做好课前准备。学生可通过在线平台回答教师提出的问题，或是上传课程作业。所有教师在上课前一周完成课程参考资料并在在线平台上向学生开放，还要在上课前两天上传所有的教学材料。

围绕着爱思，西交利物浦大学建立了一系列可以帮助学生学习的系统 (见图 2-8)。自建校以来，西交利物浦大学坚持致力于为大学学习、教学和科研活动提供强大的技术支持。至 2014 年，西交利物浦大学已经形成以图尼丁 (Turnitin，一款数字图书馆平台建设产品) 和爱思系统为核心的教育技术体系。近年来，随着新技术的不断引入，以爱思系统为核心的西交利物浦大学教育技术体系内容变得更为丰富和完善，其涵盖了在线课程、共享笔记、WebPA、爱思App 等各类实时资源分享平台、教育评估软件，甚至移动终端。西交利物浦大学始终坚信走在教育技术发展前沿的必要性，注重新技术的推广、引入和革新。

在技术推广方面，西交利物浦大学为教育工作者提供了专业的知识和技能培训，使他们尽可能地受益于西交利物浦大学教育技术体系。

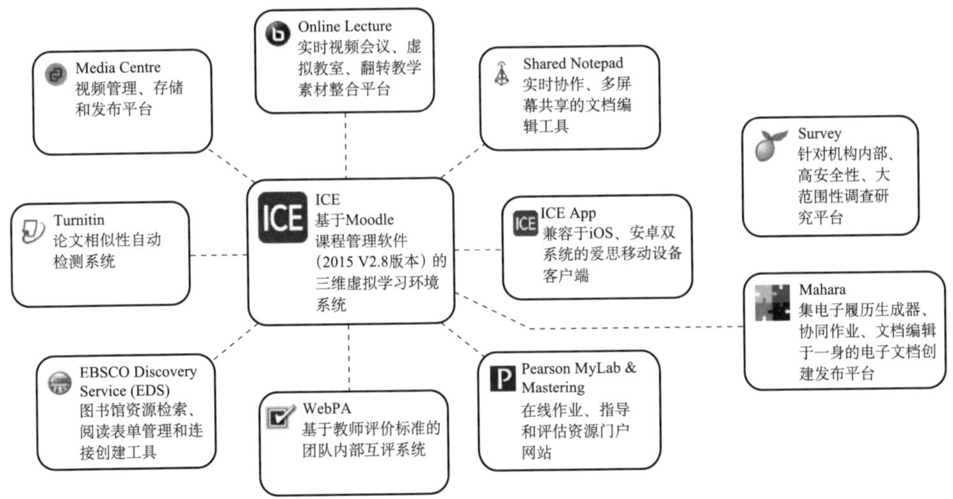


**图 2-8　西交利物浦大学基于爱思系统的教育技术体系**

（3）构建符合知识组织特征和要求的网络化组织模式。

组织管理研究表明，组织结构的选择应有利于组织目标和功能的实现，大学组织结构的选择也不例外。大学组织结构的确立要以促进人才培养和科研为出发点，主要涉及学术权力与行政权力的互动关系、研究人员科研活动的组织方式以及院系和研究中心的运行方式等方面。

为实现国际化发展的办学目标并遵循知识组织的基本特征，西交利物浦大学采用了扁平化的网络组织架构（见图 2-9），高管团队处于领导核心，负责统筹协调，而行政部门处于组织外围，负责服务与支持，两者均不直接干预人才培养和科研活动的开展，只是共同协作致力于提供保障与支持。其中，董事会、高管团队、行政部门、教学部门与科研中心作为主要机构，分工如下：

1）董事会：决策与监督。董事会是学校的最高权力机构，主要负责战略性决策的制定，具体包括领导任命、投资决策、资源配置、办学思路和方向等。

2）高管团队：领导与执行。高管团队负责决策的具体实施和校内日常事务的运行，团队成员包括校长领导以及各主要行政部门的主要负责人。其中，执行校长全面统筹工作，3 位副校长分别对接学校不同领域的专业工作。

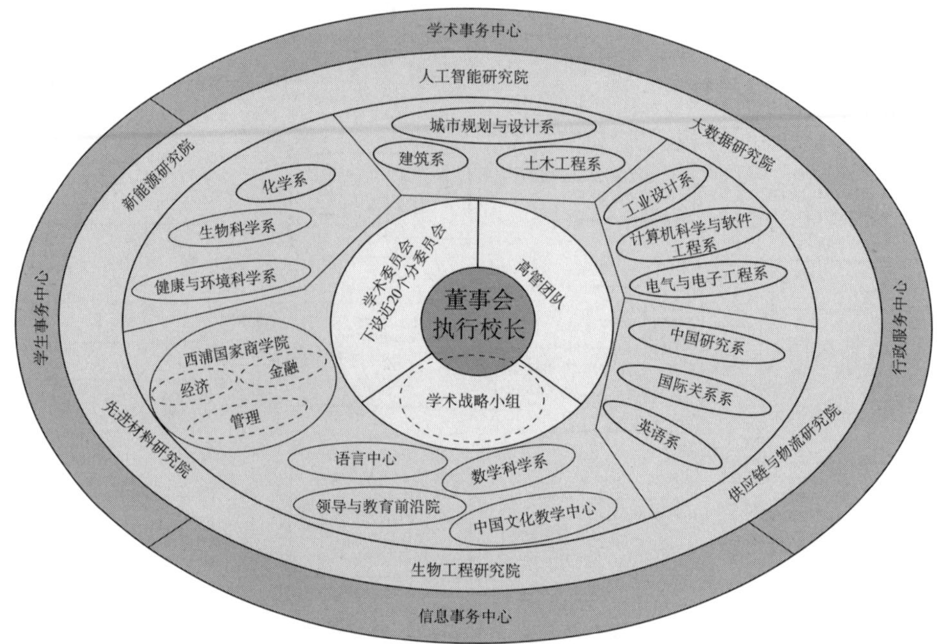


**图 2-9　西交利物浦大学的网络组织架构**

3）行政部门：专业性服务与支持。西交利物浦大学的行政部门定位为支持服务部门而非管理部门，其核心使命是支持学习和教学等学术活动的开展。

4）教学部门与科研中心：教学中心、各系是教学和科研活动的主要协调单元，保证教学和科研活动的日常运行。各跨学科和跨系的研究中心，是根据研究者兴趣和需要形成的学科群间的研究协作单元。为了实现学科交叉、互动创新，学校鼓励成立跨学科、跨系的研究中心或研究所，为了防止行政壁垒，除具有特殊性的西交利物浦大学国际商学院外，原则上不设立学院，而是建立学科群，通过学科群学术协商领导机制，实现学科建设谋划、教学交流、研究合作、资源共享、研究生培养，从而促进学科互动、共生、合作、融合和交叉创新。

(4) 打造科学共同体，构建科研创新生态系统。

当前，依托于国际研究院、国际技术转移中心和国际创新港的成立，并通过与当地政府和企业的密切合作，西交利物浦大学已经成功构建了集研究、开发和应用于一体的科研创新生态系统（见图 2-10），致力于实现“西有硅谷，东有慧湖；硅谷有斯坦福，慧湖有西交利物浦大学”的最终目标。

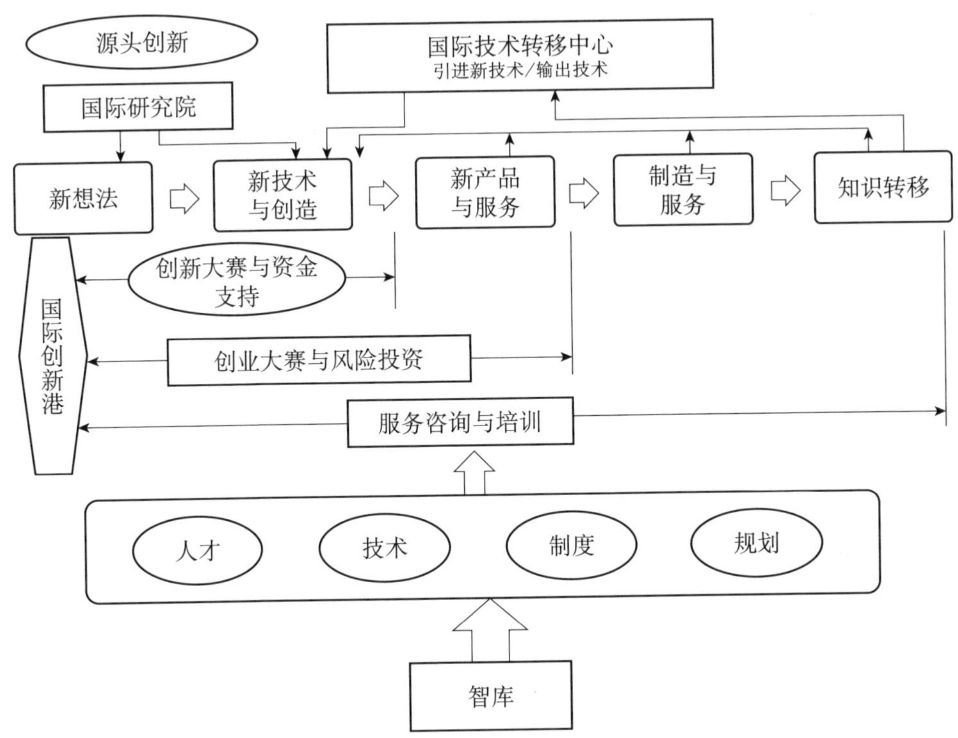


**图 2-10　西交利物浦大学科研创新生态系统**

同时，学校制定“三步走”的国际化科研发展战略。首先，通过与两所学校合作，建成西交利物浦大学的卓越研究中心；其次，通过与顶尖大学以及外部工业组织的合作，获得苏州工业园区以及独墅湖科教创新区的支持，建成实力强大的国际联合研究中心；最后，借助独墅湖科教创新区引进世界名校的发展战略，整合创新区域的名校资源，构建全球合作网络，打造坐落于西交利物浦大学的世界级研究中心。

### 3. 组织层面的国际化

组织层面的国际化突出强调大学在国际舞台和国际事务中发挥的作用，西交利物浦大学在这一层面的国际化战略体现为：

(1) 培养全球一流的国际玩家。

在全球化浪潮的冲击之下，传统的国民教育难以适应发展趋势，培养“具有国际视野、了解世界、尊重差异和多元文化，同时有能力并愿意承担相应全球义务的世界公民”成为主流趋势，这是高等教育适应国际化发展的重要表现。西交利物浦大学自成立以来便明确了自身的国际化定位，将人才培养目标设定为培养具有国际视野和全球竞争力的世界公民，认为只有通晓世界规则的国际玩家才能更好地适应时代和社会的未来发展。

为实现将学生培养成为一流的国际玩家，西交利物浦大学致力于打造具有国际一流水准的专业项目。当前，学校学位项目已经获得近 30 个国际专业认证：建筑系本科课程获得英国皇家建筑师学会（RIBA）的认证，西交利物浦大学国际商学院获得国际高等商学院协会（AACSB）、特许公认会计师公会（ACCA）和英格兰及威尔士特许会计师协会（ICAEW）的认证，土木工程系获得联合仲裁人委员会（JBM）的认证，电气与电子工程系获得英国工程技术学会（IET）的认证。同时，教师的专业水平也越来越多地获得各类专业协会的资格认可，如电气与电子工程师协会（IEEE）、英国工程技术学会（IET）及英国商会等。

从人才培养结果上看，学校基本实现了国际化人才的培养目标。目前培养的毕业生，80%的学生进入国外高校继续深造，升学国家（地区）具体分布如表 2-4 所示，升学区域开始呈现出多样性，可见学校的人才培养质量日趋符合世界标准，获得越来越多的世界认可。另外，约有 10%的学生在全球顶尖名校就读，包括牛津大学、剑桥大学、帝国理工学院、芝加哥大学、约翰斯·霍普金斯大学、加州大学伯克利分校等。

**表 2-4　西交利物浦大学升学人数国家（地区）分布（2013—2015 年）**

| 国家（地区） | 2013 年升学人数 | 2014 年升学人数 | 2015 年升学人数 |
|---|---|---|---|
| 英国 | 614 | 862 | 1 029 |
| 澳大利亚 | 24 | 67 | 257 |
| 美国 | 35 | 83 | 110 |
| 中国 | 16 | 36 | 57 |
| 加拿大 | 13 | 8 | 13 |
| 中国香港 | 12 | 22 | 13 |
| 荷兰 | 7 | 13 | 7 |
| 德国 | 2 | 4 | 7 |
| 日本 | 2 | 2 | 5 |
| 新加坡 | 1 | 8 | 4 |
| 瑞士 | 0 | 1 | 4 |
| 意大利 | 1 | 0 | 3 |
| 法国 | 1 | 1 | 2 |
| 西班牙 | 0 | 0 | 2 |

续前表

| 国家（地区） | 2013 年升学人数 | 2014 年升学人数 | 2015 年升学人数 |
|---|---|---|---|
| 比利时 | 0 | 0 | 1 |
| 新西兰 | 2 | 2 | 0 |
| 爱尔兰 | 0 | 2 | 0 |
| 丹麦 | 2 | 0 | 0 |
| 其他 | 6 | 92 | 71 |
| 合计 | 738 | 1 203 | 1 585 |
| 占毕业生总数比例 | 81% | 81% | 83% |

其余 20%的毕业生在各行业实现了就业，就业领域涵盖金融业、服务业、工业、建筑业、政教文卫等（见图 2-11），其中金融业就业人数居于首位，有的就业于国际投资公司、跨国银行、国际会计师事务所等世界 500 强企业，可见学生的国际化竞争力也正在被行业与产业认可。

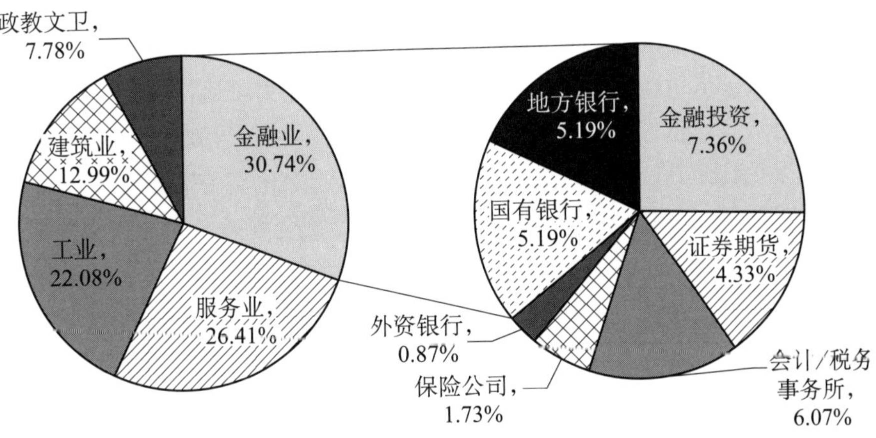


**图 2-11　西交利物浦大学毕业生就业领域分布（2015 年）**

（2）建设国际知名的学术社区与创新群落。

科研作为大学的基础职能，是衡量其国际化发展程度的重要指标。西交利物浦大学不仅要培养国际玩家，也希望能够做出研究贡献，特别是在人类生存面临严重挑战的领域开展有特色的研究，诸如生命科学、医药、环境、信息和通信、城市化、老龄化社会、公共卫生、金融、管理等，使得大学可以履行为社会服务的义务，通过办学成果惠及人类。

为此，学校将来自全球各地的教师和学生有机融合，打造国际化的研究团队；探索网络化的组织体系，消除研究上的院系和专业壁垒，促进跨学科、跨专业的合作；与企业合作共建实验室和研究所，促进研究合作和学生面向实践的教育；与地方政府共建开放式研究平台，形成国际化的研究群落；在校内建设国际技术转移中心，吸引世界研究资源和满足企业需求，构建全球合作网络；建立校内国际创新港，促进创新教育的开展和创新文化的传播；积极推动学术自由和共治，吸引更多的国际化人才；等等。通过上述努力，学校致力于建设成为国际知名的学术社区和创新群落，从而塑造大学和社会的新型互动关系，实现大学和社会之间的和谐共存与共生共荣。

（3）探索世界高等教育新模式。

由于知识经济、经济全球化、信息和通信革命以及可持续发展理念的不断深入，高等教育正面临着空前的挑战。面对挑战，大学必须深入探索，重新思考自身的价值、形态、功能和组织方式，通过创新适应时代的发展。中国高等教育在世界变革背景下面临着更严重的挑战：从精英教育到大众教育的转变，育人理念需要调整；从计划体制到市场经济的转型，大学治理和资源配置方式需要调整；大学从行政官僚体系到知识组织的演进，组织结构和管理行为需要调整；教育从知识传授到素质能力提升的变革，育人模式和培养方法需要调整；大学从书斋式到面向实践的变化，人文精神和大学文化需要提升。

西交利物浦大学建校伊始便明确了为国家乃至全球教育事业改革和发展进行积极探索的目标，试图通过自身的有效实践尽可能地在教育领域产生直接和间接的影响。目前，西交利物浦大学的探索和实践已初见成效，被誉为“高等教育改革的先锋、中外合作办学的典范”，不仅在理论和实践上分享有益经验，而且通过给教育部和国家科教领导小组撰写政策建议支持教育改革。同时，西交利物浦大学还与国家教育行政学院合作成立领导与教育前沿院，通过教育与领导力研究、领导力卓越培训计划等传播和分享西交利物浦大学以及世界的最佳实践经验以影响中国高等教育的新改革，并将凭借新兴的高等教育模式和办学特色屹立于世界高等教育领域，以其杰出表现赢得国内外的关注与尊重。

（4）构建和谐共存的生态互动系统。

全球化和网络化不仅弱化和模糊了组织的边界，也对大学和社会的互动关系提出新的要求。西交利物浦大学为探索大学和社会共赢的模式，努力将自身发展为一个具有国际化、启发性、创新性和完整性的生态系统，通过打造三种“生态”互动平台来深入社区和社会：一是构建自然生态，实现大学的物理校园与自然环境的良性互动，在设施建设中提倡环保理念，并在物理条件建设中重视促进学术社区形成的友好环境；二是通过制度、机制和文化的塑造，构建促进知识传播、转移和发现的知识生态，成为创新、共享和应用的平台；三是与其他社会组织共同构成社会生态，如学校与地方政府建立合作关系共谋发展，与企业建立联系推进人才培养和技术成果转化等。

综上，西交利物浦大学在三个层面进行的国际化探索与实践，可归纳为几点可供参考的经验：1）以培养国际化高端人才为目标，形成一套完整的教育理念；2）用现代治理结构、网络化组织结构、开放校园环境和先进文化理念，形成适应国际化办学的管理体系；3）按照国际一流大学标准在全球招聘师资，吸引、整合、利用国际教育资源，实现多元和谐共存；4）积极招收海外留学生，坚守办学水平，确保教育和研究质量，不断提升大学的国际化水平；5）利用国际化平台和全球网络，积极与政府、企业和社会各界合作，建设国际级、开放式研究院、技术转移中心和创新港，形成创新群落和生态系统；6）加强组织领导，确保国际化战略高质量稳步推进。

大学国际化为大学的反思提供了很好的视角，可作为大学发动变革的一种途径。大学可以通过要素层面的国际化，追求异质同构的要素组合，在鼓励创新的同时形成秩序；通过机制层面的国际化，整合中西方优秀的大学理念和实践，创造更先进的育人模式；通过组织层面的国际化，将人才培养对准世界需求，并以自身的探索影响世界高等教育的发展和变革。

# 第三章
# 未来教育探索——如何培养适应未来世界的人才

一、当代大学的生存环境及其挑战

二、教育、教学和大学的反思与重塑

三、研究导向型教学：西交利物浦大学面向未来的教学探索

随着互联网的深入发展和人工智能的快速推进，未来教育的变革成为国内外教育专家关注的焦点话题。学者普遍认为在未来一段时间内全球的高等教育会发生革命性变化，如美国哈佛大学克里斯滕森教授预测，未来 15 年之内，美国大学有一半可能会面临破产，美国杂志《国家利益》则预测未来 50 年美国只会留下 10 所大学，国内朱永新教授也认为未来的学习要在学习中心完成。除此之外，世界还出现了一些颠覆当前人们对大学固有印象的新学校，例如在美国的密涅瓦大学、奇点大学等。这些讨论和创新实践都突显了关注未来教育趋势和变革的重要性。教育国际化特别是中外合作办学为未来教育的探索提供了新的可能。首先，中外合作办学普遍诞生于互联网浪潮之后，没有历史包袱，可以完全按照未来社会的需求来设置大学的体系。其次，中外合作办学有条件融合中西教育体系的优势，能够取长补短，有更好的创新基础和想法。本章的主要话题就是讨论未来教育的趋势以及中外合作办学在这一领域的探索。

## 一、当代大学的生存环境及其挑战

### （一）知识经济时代到来

按照经济合作与发展组织的定义，知识经济是指直接建立在知识和信息的生产、分配和应用基础上的经济。作为工业经济的替代者，知识经济的关键特征表现在三个方面：一是对研发、教育培训以及新管理结构的持续投资，以推进知识生产；二是对知识分布的调整，在信息社会中，知识正在通过计算机和通信网络被编码和转化成可传播的信息，而对于隐性知识则需要通过个体和组织的持续学习获得；三是对高技能人才的需求空前增加，科学家和工程师的重要性不断上升。

进入 21 世纪以来，知识在世界各国经济发展中的地位明显上升。知识在经济中的含量越高，国家发达程度越高。近年来，以金砖五国为代表的新兴经济体国家经济中的知识含量大幅提高，成为带动发展中国家甚至世界经济提升的主要力量。提高国家经济中的知识含量主要有三种方式：一是知识生产，即通过研究发现新知；二是知识转化，即对科学家和工程师的教育和培训；三是知识转移，即知识的流动和传播。世界经济组织发布的年度国家竞争力报告也表明，处于世界竞争力第一梯队的发达国家在创新水平和技术成熟度两个指标上明显高于发展中国家。

要提升知识在国家经济中的地位，建立国家创新体系是重要途径。大学、企业和政府都是这一体系中的重要成员，特别是大学对国家经济的作用空前提升。从大学的基本功能看，其对知识经济的促进作用不容小觑。首先，大学是核心的知识生产部门，从世界范围来看，近半个世纪以来，重大科学发现主要来自大学学者，70%以上的诺贝尔奖得主在大学工作。我国的知识创新也主要由大学完成。其次，大学还是核心的知识转化部门。科学家和工程师基本都接受大学教育，并且有很多在大学工作，在大学的社会服务功能增强后，其知识转化功能日益受到重视。最后，大学也承担着重要的知识转移职能。大学一方面通过课堂教学将成熟的知识传授给学生，另一方面通过与其他大学和部门的合作交流，宣传研究成果，促进知识传播。此外，大学的图书馆也发挥着保存和传播知识的职能。

在知识经济背景下，大学面临着三大挑战。

#### 1. 大学须探索未来的社会形态并融入其中

随着知识经济的不断深入，人类的生存和生活方式与知识的关系越来越密切，未来社会的形态将会围绕知识生产、知识转化和知识转移重新构建，如终身学习理念的出现以及学习型社会的构建等趋势已经证明知识在未来人类生活中的重要角色。大学作为重要的知识组织，需要探索如何通过互动融入未来社会并成为其中重要的一员，具体问题如大学如何使自己的互动群体从青年扩展到各个年龄段的人群，除了通过科技创新外如何同社会生活进行更紧密的互动等。

#### 2. 大学须反思自身的价值，平衡好育人功能和促进经济发展功能

在认识到大学对知识经济的强大促进作用后，许多国家纷纷出台政策加大对大学的支持力度，特别是进入 21 世纪以来，大学从国家拿到的拨款大幅增加。如我国政府通过推出建设世界一流大学等项目增加对大学的资金支持，印度政府 2010 年宣布将新建 30 所大学以提升大学入学率，日本、韩国、欧盟等国家（地区）政府也有相应的大学支持计划。大学经费不再是制约其发展的关键因素，这为大学的发展提供了很好的机遇。但近年来出现了对大学育人功能减弱的批评，因此，在知识经济时代到来后，大学须反思自身的价值，平衡好育人功能和促进经济发展功能。

### 3. 须探索更加有利于知识传播、创新、转化的大学形态和组织方式

大学可以通过知识生产、知识转化和知识转移来促进知识经济的发展，但三种方式对大学本身的要求不同，一所大学很难同时满足这三个方面的要求。例如，知识生产要求大学拥有充分的学术自由、充分的资金支持以及鼓励研究人员互动的创新文化等，知识转化所涉及的创新型人才培养则强调互动和研讨式教学、人文通识教育以及鼓励创新的文化，知识转移多要求大容量的知识传输、对社会需求的快速响应以及以学生为主导的文化，当前的大学还很难同时满足这些要求。因此，大学需要深入探索更加有利于知识传播、创新、转化的大学形态和组织方式，特别是需要反思在服务国家经济发展的同时，如何保证知识创新所需要的自由和自主权。

## （二）经济全球化日益深入

经济全球化是 20 世纪后 20 年以来逐渐显现的全球经济发展新趋势。在经济全球化背景下，国际贸易和投资金融自由化，全球统一的人才劳动力市场形成，跨国公司快速发展，网络经济崛起，人、财、物等经济资源都实现了在全球市场上的自由配置。在国际货币基金组织以及世界贸易组织等机构的推动下，经济全球化已经成为当前世界经济发展的主要特征和必然趋势，并对各国的政治、经济、文化和教育等相关行业产生了持久而深刻的影响。

经济全球化对高等教育行业的影响主要有二个方面：一是促使高等教育全球化的形成，其主要表现是高等教育资源开始在全球市场上自由流动。例如在世界贸易组织协议中规定，各国应把教育行业作为服务部门向全球开放，这就使得全球的高等教育机构在世界范围内配置资源，教育接受者可以在全球范围内选择自己喜欢的学校就读，大学开始在全球范围内竞争资源和学生，留学生数量空前增加。近年来，全球范围内高等教育阶段留学生人数快速上升，特别是进入 21 世纪，其增长速度超过此前的任何一个阶段（见图 3－1）。越来越多的学生选择出国留学，使得高等教育成为当今经济全球化大潮中一个重要的全球消费市场。不过，跨国高等教育机构的合作才刚刚拉开帷幕，越来越多的大学和政府部门开始参与到促进高等教育国际化的浪潮中，如今，世界各地几乎每天都开展着跨国高等教育机构的合作项目和活动。改革开放以来，我国与世界上近 200 个国家（地区）建立了教育合作与交流关系，截至 2017 年 3 月，累

计核准通过的中外合作办学项目和机构达到近 2 500 个。由此可见，高等教育的全球化已成为当代大学生存和发展必须面对的环境条件。

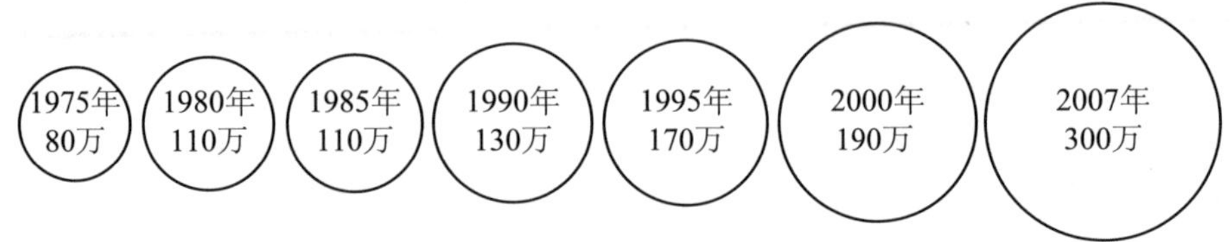


**图 3-1　全球高等教育留学生人数的增长情况（1975—2007 年）**

资料来源：经济合作与发展组织发布的《教育概览 2009》（*Education at a Glance* 2009）。

二是随着高等教育市场的开放，高端创新人才也能更自由地在全球流动。这引发了大学甚至国家对高端人才的全球争夺战，许多国家出台人才引进战略，招揽高端人才为国家服务。现在国际人才流动的趋势是：德、法、日、澳等发达国家和地区的人才向美国流动，亚、非、拉等地区的人才向发达国家流动。为了争夺世界的优秀人才，各国想尽办法实施移民政策、双重国籍政策、特殊人才待遇以及吸收留学生等战略。大学作为高端人才的主要工作地点，需要通过提升自身的国际化水平给高端人才提供国际水准的工作和生活环境，来增强自身的吸引力。

三是对大学人才培养提出了新要求。经济资源在全球范围内的广泛流动要求企业在全球市场框架内运作，因此企业就需要具有国际视野的人才，大学作为人才培养的主要场所，自然肩负起培养国际化人才的重任。国际化人才的重要特点是通晓国际规则，了解他国文化习俗，具有在全球市场上运作资源的能力，因此，大学纷纷通过国际化来培养满足市场需求的人才。学生的地域经历也成为衡量能力的一个重要指标，目前已有很多国家的大学建立了合作培养学生的模式，如美国在 2010 年赴国外留学的学生中，54.6%的学生接受短期（两周左右）的交换学习，41.1%的学生接受中期（一个学期左右）的留学学习，只有 4.3%的学生接受长期的学位教育。

综上所述，经济全球化对大学的主要挑战有以下几个方面：

### 1. 大学需要探索如何更好地与世界联系，提升国际化水平

显然，大学要在经济全球化的背景中有效整合全球教育市场的资源，吸引不同国家的优秀人才并且培养出国际化的人才，国际化是必然的选择。只有通过国际化开放自己的资源，建立在国际市场上的声誉和国际化的教育模式，才

有和外部资源整合的机会，才能吸引他国的优秀人才来大学学习和工作，并能长久地留住人才；只有通过国际化提高课程国际性，增加学生的国外学习经历，才能培养出名副其实的国际化人才，满足全球化经济市场的要求。

然而，当前全球范围内大学开展国际化的水平参差不齐，并且在总体上还处于相对简单的合作交流以及教师、学生互访阶段，尚未充分整合和利用全球化带来的开放教育市场和多元的教育模式等资源。例如，对于发达国家的顶尖大学来说，虽然已经率先在课程设置中强调了国际化内容，但在跨国教育的开展方面还没有找到能平衡自身和他国政府利益诉求的市场拓展模式，没有在自身使命和他国发展需要之间找到结合点。对于发展中国家的大学来说，更实用的国际化方式可能是通过与世界高水平大学的合作来提升自身的教育水平，但从目前来看，也没有找到吸收优秀教育资源的途径，多数处在简单的照搬照抄水平。因此，不论是全球高等教育市场中的领先者还是追随者，都面临着如何进一步提升国际化水平的问题。

#### 2. 大学如何在构筑世界性网络中突破空间的限制

大学的形态同样受到全球化的强力冲击，特别是培养具有国际视野的人才要求大学在育人环节为学生提供体验多元文化的情境和平台，组织国际前沿的科学家开展科研工作也要求大学构建跨国或者跨地区的研究合作网络，这些要求都需要大学突破地域和空间的限制，大学必须构建能够连接世界的架构并方便不同地域的人员进行互动。

#### 3. 全球化要求大学通过合理的组织方式保证多元文化和谐相处

多元文化的碰撞和冲突被认为是经济全球化以来人类的一大挑战，来自世界各地的不同文化风俗如何和谐相处是各国面临的共同难题，大学在这一难题的破解上被寄予厚望。近年来有学者提出大学应主动承担起引领多元文化融合潮流的使命，大学已经浮现的国际化特征也为这一使命提供了客观条件。然而，当前的大学国际化还是简单的人员交流，与真正的国际化社区尚有一段距离，大学如何真正打造融合多元文化的国际化社区是全球化时代的一大挑战。

### （三）信息和通信革命快速推进

《高等教育年鉴》（*The Chronicle of Higher Education*）曾报道了美国大学

中一个日渐兴盛的趋势：越来越多的大学开始使用网络课堂代替传统的教学。该报道通过讲述佛罗里达大学一位大学生的网络课堂经历指出，未来的大学可能更多地利用网络来完成教学任务，因为网络式教学具有节省成本、教学时间灵活性等诸多优势，并举例说明马里兰州已经要求大学生要在网上选修至少 12 个学分的课程。

实际上，大学已经出现运用新技术创新教学方式的例子。如英国通过网络教学授予学位的项目，2002 年，利物浦大学在中国推出全球首个国际远程教育硕士课程，到 2018 为止，利物浦大学已在全球 175 个国家进行了网络教育的招生。每位完成远程教育课程的学生都将获得利物浦大学颁发的学位，这些学位与通过传统学习方式获得的学位是相同的。英国教育界认为，通过网络提供学位课程以及建立国际性虚拟大学，将成为英国高等教育发展的一个重要趋势。因此，英国政府高度重视远程教育的发展，试图在这个新的世界教育市场取得优势地位。早在 2001 年，英国高等教育基金理事会就制订了一个网络大学计划，该计划联合全英国大学的力量，建立一所网络大学来占领全球教育市场。几年之后，英国又成立了没有校园的、以终身教育为理念的产业大学，直接通过网络系统向在职人员提供培训。1999 年以来，我国教育部为落实《面向 21 世纪教育振兴行动计划》，实施了“现代远程教育工程”，并批准 68 所普通高校和中央广播电视大学开展现代远程教育试点工作。

远程教育成为一种新兴的学习手段，满足了那些需要与现代技术日新月异的发展保持同步、工作地点变动大的专业人士的要求，使学生可以随时进行学习，根据需要选择课程。因此，不难想象，这种教学方式将会获得持续的发展。美国哥伦比亚大学教授阿瑟·列文甚至预言，“砖头建筑”的传统大学将为以网络教育为特征的“键盘大学”所取代。网络教育之所以受到如此热捧，在于这种更快捷方便的知识传播方式与传统大学的授课相比更具有优越性。这一趋势对传统大学的挑战是，当网络教育日益兴盛，传统大学如何更好地利用实体的课堂体现自身的独特性和不可替代性。大学如何通过塑造创新的文化氛围、开展研讨式的互动教学、构建超越传统的大学形态以及充分利用实体大学的优势实现自身价值，都需要认真反思。

最近几年，这种反思在西方发达国家的大学越来越受到人们的关注。尽管在未来大学不会消失，但如果不能很好地发掘实体大学的新价值，大学将很难像如今一样受到社会的高度关注。

### （四）可持续发展的大学生态

自20世纪70年代以来，可持续发展成为国际上探讨经济发展的一种重要模式，随着日益重要的影响力而扩展到社会、科技和政治等多个领域。在经济领域最初提出的可持续发展是一种注重长远发展的经济增长模式，指既满足当代人的需求，又不损害后代人满足其需求的能力。后来它发展到多个领域又提出了各种不同的定义，但可持续发展的基本原则是一致的，即处理好人与自然、当代人与后代人、短期发展与长远利益之间的关系。为了界定和描述这些要素间良好的、和谐的发展关系，人们又引入生态的概念，如自然生态、社会生态、生态文明等提法已十分普遍。“生态”一词来源于生物学研究，主要指生物的生存状态，拓展到社会领域后，主要用来定义许多美好的事物，如健康的、美的、和谐的事物常用生态来修饰。

大学的发展虽已近千年，但其可持续发展问题一直是大学的挑战及进步的动力，并成为影响未来大学形态的重要因素。作为社会系统的一员，大学的发展无疑会受到社会变革的影响。在当前社会发展复杂多变的环境下，大学如何实现可持续发展、构建大学生态成为当前的一大挑战。所谓大学生态，就是大学的良性发展与环境的良性互动。大学的互动主要包括三个方面：首先，其物理校园与自然环境的互动，随着社会对生态环境的日益重视，大学如何适应并引领这种潮流是当前的一大挑战。其次，大学在知识传播、创新、转化过程中存在多个参与者之间的互动，如何形成良性可持续的知识流动和发现系统也是当前大学的一大挑战。最后，大学作为社会的一部分，随着与社会互动的日益紧密，需要面对如何构建与社会良性互动的机制、形成共生共荣的社会系统而持续发展的挑战。这三个方面的挑战要求未来大学的形态在物理设计、知识网络构建、环境互动等方面形成良性的大学生态。

## 二、教育、教学和大学的反思与重塑

### （一）教育的反思与重塑

我们需要去反思，这个社会已经变成完全网络化的社会：网络时代导致学习的行为方式发生彻底的革命。传统的教育经历了多次变革，从最原始的宗教到知识的传播和研究再到社会服务，几乎没有太大的革命性变革，只是大学的功能不断向外延伸。但是现在以传授知识解决人们无知的问题，已经不是主要的任务。现在的问题是如何在杂乱的知识中选择自己认为是对的和正确的东西。不懂一件事情并不可怕，只要有谷歌、有百度，就可以立即得到一个基本的答案，难的是如何判断它的正确性。我们现在是有知，但是如何做到真知，这才是这个时代学习的最主要的任务。所以说如果课堂仅仅让大家知道，那么一定会有大量的替代物来挑战大学。

教育这个词本身就有争议，一些争议说教育这个词是中国翻译过来的，在国外一般都是学习与教导（learning & teaching)。教育这个词永远是以教为主、以教师为主；学习与教导就是以人为主体，我在学习。一个是塑造人，一个是自己成长，这牵扯到很多教育理念问题。现在学生的日常学习行为主要包括正式学习和非正式学习两种，大学里的课堂、教学大纲的设计基本上是正式学习的部分。有多少教师认真研究过为什么要学这门学问？这门学问想训练学生什么样的素养、什么样的能力、什么样的知识？用什么样的方式去训练？这些问题都没有得到非常有效的研究。更进一步，即使正式学习这些都做到位了，现在学生有多少时间花在正式学习上？学校基本上采用非正式学习，学生真正的正式学习时间是非常有限的。

教育的功能有很多，有记忆、理解、应用、分析、评估，最后是创造。那么现在回想一下我们所接受过的教育和我们正在进行的教育，我们要学会很多东西，需要在最低级的记忆和理解上下功夫。一些教师上课时会围绕知识点千方百计地把课程内容讲得清楚易懂，在西交利物浦大学，有些学生会抱怨教师讲不清楚，这种情况也许是教师有意识不讲清楚，学生才有自主学习的空间，在教师的引导下让学生自己去搭建出一个系统、丰富的知识体系。在搭建知识体系的过程中，学生要去搜索知识，要学会学习、学会和别人合作、学会用这一知识去解决问题。这个时候学生不仅记住了知识，而且掌握了一系列人生所需要的能力。这时教育的结果就不一样。

### （二）教学的反思与重塑

对于教学的重塑，我们传统的课堂教学永远是以教师为主导，教师在上面讲，学生在下面听。现在的课堂必须做出调整，应该是以学生为中心。大学是一个学习的地方，更是一个学生健康成长的地方，而不只是一个学知识的地方。学知识只是一个过程，通过学知识这个过程实现学生成长的梦想。学生要处在中间核心的位置，教师在周围，教师要把自己看成教育的一种资源，看成教育学生学习的帮助者。这才是我们希望的教育。课堂可能只占很小一部分，课堂是引导性的，大量的可能是案例、项目、研究、实习、团队合作甚至社会调研，这些才是核心的。教师如何让学生有兴趣参与一件事情，如何吸引学生持续的关注度？教师传统的讲座效果是非常差的，更有效的方式是引导学生去从事一个项目的学习，或者让他们通过自我学习再讲给其他同学听。我们觉得学习是学生自己的事，不是教师的事。教师就是帮助他学好，让他少走弯路，这是最主要的。如果创造一系列的机会让学生去展现自己，那个时候学生便会投入其中。这是关于学习和教育的思考。

每个人都希望有所成就，所以选择到学校学习。在外界环境相对稳定的情况下，人类积累知识，并按这些知识行动，这个时候是比较简单的。但是当不确定性比较高的时候，人们必须做出判断。比如股票市场是退还是进，房地产是买还是卖，这都是决策，跟人的价值判断、综合分析能力、心理承受能力有很大的关系。如果这个世界变得越来越不确定和模糊，人们可能就不知道该怎么做了。就像改革开放初期的“摸着石头过河”，很多人说“摸着石头过河”是试错，实际上不完全是试错，它是在方向明确的情况下通过无数个局部试验达到整体最优。所以，如果没有方向就没有整体最优，有方向才有整体最优，否则永远是布朗运动。如果再朝前走，就像到了我们这个时代，我们这个时代面临着很多未知，怎么办？为了应对这些，需要几样东西，其中一个是知识。全世界范围内有很多学者研究不同层级需要哪些知识、哪些能力、哪些素养、哪些智慧。即便有答案，还涉及如何获得这些知识的问题。

针对这些方面，即能力怎么训练？素养怎么训练？怎么让学生更有智慧？这些不是简单的课堂教出来的，而是学校氛围、学校创造的机会熏陶和锻炼出来的。怎么有意识地把这些训练纳入教学培养计划，这是我们需要探索的，也是我们想谈的。全世界对于教育、对于教学、对于大学、对于怎么教都在激烈地探索。现在的学校，大部分的教育还是以内容为导向的被动式教育，不是以人为主导的教育。目前西交利物浦大学的探索是：以成长为目标，以兴趣为导向，以学生和学习为中心。怎样实现以学生和学习为中心？需要研究导向型的学习。

西交利物浦大学倡导研究导向型学习。研究导向型学习的目的是让学生保持他们的好奇心，训练他们的批判性思维，训练他们的创造性行为，训练他们的一种复杂心态，训练他们的终身学习能力。研究导向型教学的关键在于：第一是改变学生的学习过程，不能永远是记知识点、背知识点、考知识点，最后又忘知识点。第二是教师要改变教学方法，不再是一门课、一本教材，而是以现象、问题引导学生思考，引导学生学习，引导学生解决问题，整个过程是研究的过程。第三是学校需要构筑一个资源环境和支撑体系，支持学生做这件事情。总而言之，西交利物浦大学正在实践探索的是制造一个超现实的学习和研究环境，学生要从过去对知识的记忆和理解转变成研究，教师要从过去的教书转变成引导，引导学生进行知识的探索之旅，从关注知识转变成关注现象和问题，而不是学生简单学知识。在这一过程中，学生将收获到：通过研究问题，学会找知识，学会整合知识，学会解决问题，在解决问题中提升自己的能力。这要比学生只会考试、刷高分好很多，能激发学生自身的好奇心和创造力去学习、研究和探索。

### （三）大学的反思与重塑

关于大学的再定义问题，我们现在是一“网”打尽，视为一种网络化的生存。在这种网络化的生存下，我们社会的形态发生了很大的改变，几乎所有的组织都在思考它的2.0、3.0、4.0版本。那大学的2.0版本是什么，或者说大学的3.0版本是什么？这也是确实值得去思考的。虚拟化的社会改变了人们的学习行为和生活方式，几乎所有的东西都在重新定义自己，大学怎么定义自己？由于这些年来网课讨论得比较多，假如说出现这样一些公司，这些公司出重资做一门课，把全球这个领域的最优秀的教师请来，用最能体现教育质量的一种方式来组织这个课堂，到那个时候可能没有一个大学可以跟这门课较量。如果大学依旧遵循传统的教育理念单纯地提供知识，那么这种单一的课堂学习模式一定会被打败。但是如果说大学去研究大学校园的意义和价值，即使1 000个这样的公司联合起来也没办法打败一个大学，因为这1 000个公司——1 000个分散的公司永远也无法制造出校园的价值。校园的价值是什么？如果没有考虑清楚校园的价值，你就有可能败在这1 000个公司的手下。如果考虑清楚了，你可能利用这1 000个公司站得更高，让你的校园价值变得更大。一个人在屋子里学了这1 000门课，跟在校园里学这1 000门课是不一样的。这就是校园的价值，这也是为什么大学要重新定义。

1. 反思当代大学的价值

育人是大学的根本追求，但大学育人的目标随着时代的发展而不断变化，当代大学原有的价值受到冲击，大学需要在遵守最基本的教育规律的前提下，重新思考其存在的价值。几百年来，西方大学始终将促进人的全面发展和成长作为最重要的使命，在大学被国家和宗教控制以后，大学也为统治阶级培养精英，在工业革命后高等教育大众化以来，大学还是培养行业专门人才的机构。但是，国家对于大学科研的支持力度逐渐加大、对于研究的重要性越发重视的同时，也应对大学的教育与育人功能给予同等的重视。当前的大学应重新思考如何提升育人的功能。特别是全球化浪潮对大学的育人功能提出了更高的要求，大学成立初期主要通过知识的传授来达到育人的目标，后来又增加了一些专业化训练，如今在纷繁复杂的世界中，有竞争力的人才除了需要知识和能力以外，更需要得到素养的熏陶，大学应如何提升学生的素养水平以在日益复杂多变的社会中生存和发展，是当代大学应反思的一个重要问题。

2. 反思当代大学的形态

大学的形态应该适应大学功能的要求。在知识经济、经济全球化、信息和通信革命的推动下，大学为实现教学、科研、服务社会的功能，正将越来越多不同背景的人和大学联系起来，形成庞大的互动网络。比如，教学功能将学生和教师连接起来，科研功能塑造了科学家网络，服务社会的功能则将大学及其成员（学生和教师）与社会上各种各样的组织或个体联系起来。在大学的互动网络中，虽然人们的背景、个性和动机不同，但他们在遵从一定的规范和约束的前提下不断追求和实现自身的目标。这样的形态与英国科学家波兰尼提出的科学共同体的概念非常类似，因此大学未来的形态将会朝着形成科学共同体的方向发展，大学应该在这一趋势下反思如何通过自身的变革为社会提供一个满足不同人需求的平台。

3. 反思当代大学的组织方式

大学的组织方式主要涉及大学的治理和管理两个方面。大学作为社会组织的一员，在治理结构的构建中主要涉及政府、大学和市场之间的关系，大学发展几百年来创造了三者之间丰富的互动历史。在大学功能日益多元化以后，大学的相关利益者也日益增多，特别是科研和社会服务功能使得大学与政府和社会的关系日益紧密，大学的学术自由反而受到制约，因此大学的治理成为需要反思的一个重要问题。大学如何在与社会日益复杂的互动中尽可能地代表相关利益者的诉求、实现其基本的功能，值得思考。另外，大学内部管理体系作为实现育人和科研功能的基本支撑要素，是将大学内的人员（行政员工、教师、学生）和资源相整合以实现其目标。大学能否实现人才培养和科研的目标，在很大程度上依赖于人员和资源的整合方式。具体来说，整合方式体现在大学的战略管理，学生活动、教学活动、科研活动组织方式，大学文化构建以及校内资源配置方式等方面。大学究竟应如何建立内部管理体系才能充分实现其目标，一直以来是大学实践者和研究者关注的焦点话题，但至今仍没有很好解决，特别是在大学环境复杂多变的背景下，管理受到越来越大的冲击和挑战，大学应如何建立内部管理体系值得探索和思考。

4. 21 世纪大学的发展趋势

知识经济时代的到来使大学知识传播、创新、转化的意义日益重要，经济全球化的日益深化要求大学在更加广泛的领域、文化情境中开展活动，信息和通信革命则要求大学运用新的方式和途径来实现自己的功能，可持续发展的理念又要求大学在进行知识的传播、创新、转化的过程中与自然、社会环境形成良性互动，实现可持续发展。这些影响客观上要求大学必须深入探索，重新思考自身的价值、形态、功能和组织方式，通过创新适应时代的发展。

在知识经济、经济全球化已经到来的网络社会中，人的生活和学习方式都发生了巨大改变。从知识获取的角度看，大学的作用受到质疑：“在家完全可以学知识，甚至可以在网上听哈佛大学、斯坦福大学、麻省理工学院的公开课，为什么还要到大学学习？”因此，当代大学需要重新思考：大学的价值是什么？大学的形态是什么？大学的教育模式是什么？大学几百年来沉淀下来的育人功能如何满足新时代对素养和能力的新要求？

现在的大学迫切需要研究如何培养符合时代需求的人才。符合时代需求的人才，首先要遵循教育促进人的全面发展这一基本诉求，还要考虑到知识经济、经济全球化、信息和通信时代发展趋势对人才的新要求。学生通过大学阶段的学习，应有三个方面的收获：素养、能力和知识。

大学要满足上述需求，就必须突破简单灌输知识的功能，形成科学社区，让不同知识背景、不同文化、不同国籍、不同个性的人可以通过课堂、研讨会、研究项目、日常聚会等相互碰撞，产生新知，刺激创新，训练能力，包括学习能力、沟通能力、科研合作能力、整合和应用知识的能力等，从而使学生获得发现问题、分析问题、解决问题的知识基础和基本能力，形成在国际舞台上参与日益白热化竞争的能力。现代大学应该通过全球整合资源尽可能地制造这样一种氛围，创造更多有利于训练终身学习能力和竞争实力的平台。

大学作为科学共同体，实际上将成为一个生态系统。大学生态系统首先表现为一种自然生态，即大学的物理校园与自然环境的良性互动。大学大楼建设中的环保理念、大学能源节约措施和技术、大学对环境保护理念的宣传等都是大学自然生态的体现。例如，耶鲁大学提出构建绿色校园的构想，并通过宣传绿色理念、开发清洁环保技术和塑造绿色的价值观等方式构造自然生态。北京大学也开展了绿色校园建设活动，其宗旨是加强校园有关环境生态方面的科研、注重环境保护人才队伍的培养、提高师生环境保护意识并带动全社会共同营造良好的环境保护氛围。

在知识经济时代，大学由于从事知识传播、创新、转化活动而形成知识生态，这一生态系统将成为知识传播、创新、转化的平台。野中郁次郎等人曾在知识管理研究中提出“场”（ba）的概念来描述知识传播与发现的场所，未来大学的核心作用即通过制度、机制和文化的塑造，形成这样一种“场”，促进知识的传播与发现。例如，他们提出，强调开放式组织设计以使更多的人加入知识互动网络、将拥有特殊知识和能力的人员组成小组、利用虚拟空间进行互动、以观摩和实际演练等方式不断练习等，都是促进知识传播与发现的“场”。这些“场”将会在未来的大学中逐渐得到体现，如建立的开放式校园、学者之间的互动网络、大学教学与研究的虚拟化，以及在教学中注重学生的实践和实验等。

此外，大学还是社会系统的一员，与社会政治、经济、文化、科技等有广泛的互动，因此还与其他社会组织（如政府、产业界组织）共同构成社会生态。社会生态是仿照自然生态而提出的概念，在社会生态系统中，不同的组织都与其他组织有一定的互动和联系，并通过这种互动进行物质或精神的交换。如在未来的知识社会中，大学和社会之间的知识交换将会非常频繁，这种交换关系也将成为形成和维持大学社会生态系统的核心，等同于自然生态系统中的能量流动和物质交换，也正是这种交换关系将推动大学与社会之间的和谐共存与共生共荣。

大学自诞生以来根据不同社会发展阶段的需求已逐渐形成教学、科研和社会服务三大功能，近代以来社会的剧烈变动正在重塑大学的功能。知识经济时代大学作为知识生产和传播的重要场所，与国家的政治、经济、文化和社会等各方面的关系日益密切。经济全球化加剧了国家间的经济竞争，同时也造成了对人才的巨大需求以及多元文化的碰撞。近年来信息技术推进改变了人们获取知识的方式，全球生态的可持续发展又要求大学通过创新引领绿色革命。这些趋势对大学的生存和发展产生了深刻影响，大学首先需要肩负起关乎人类生存和发展的诸多领域的研究工作；其次，还要顺应科技革命对人类知识获取方式的影响，改变传统的知识传播方式，并深入探索新时代对人才的新要求，调整自身的人才培养理念、价值观和模式；最后，也要秉承可持续发展的理念，思考适合未来的大学形态。未来的大学更可能是营造一个科学社区，不同背景的人在社区中自由互动、各取所需，而大学的功能就是制造氛围和平台，为社区的人提供机会，最终形成自然生态、知识生态和社会生态。综上，只有不断反思，才能有力回答钱学森院士提出的大学如何培养满足时代需求的创新人才的问题。

## 三、研究导向型教学：西交利物浦大学面向未来的教学探索

### （一）研究导向型教学的基本理念

伴随着高新技术（尤其是信息通信技术）日新月异的发展，社会、经济、环境、文化及政治状况都在快速变化，并以难以预想的广度和深度影响着人们的日常生活与工作。随着不确定性的增加，人们工作和生活环境的不断变化也对育人目标（培养什么人）提出了更高的要求——高等教育需要培养出具有综合素养、能力和知识的国际化人才，使其能在多学科协作的环境中，用发展的眼光来看待问题，全面地分析问题并提出系统的解决方案。这也促使高等教育工作者不断反思——应该如何培养相关人才（怎样培养人）？

以传授知识为重点的传统教育模式显然已不能满足上述要求。事实上，很多学生发现大学期间被传授的专业知识和技能在毕业后短时期内就有待更新，他们的生活和工作中也不断出现新的问题与挑战。另外，随着信息化时代的

到来，人们获取信息（know-what）的途径（如互联网教育的代表“可汗学院”“慕客学院”等）趋于多样化，而甄别、整理和使用相关知识（know-how）的能力却有待提高。所以，“授之以鱼，不如授之以渔”。当前的高等教育需要注重培养学生科学的思维方式及批判的思辨能力，并为其终身学习打下基础。

为实现上述目标，高等教育领域开展了大量对创新教学方法的探索，研究导向型教学就是其中的一个重要分支。虽然与此相关的讨论已日趋广泛，但学术界尚未形成统一的定义。本节侧重于探索高等教育中“教-学”关系的转换，指出倡导研究导向型教学模式的根本目的是加强以学生为中心的研究导向型学习能力的培养。该教学模式在很大程度上打破了传统课堂中以教为主、以让学生获取知识为唯一目标的定式，强调了在高等教育阶段学生主动学习的重要性。该教学模式旨在引导学生综合运用所学知识，通过研究发现、分析并解决实际问题；在不断反思的过程中积累经验，养成科学思维的习惯；并在“研究—学习—再研究—再学习”的过程中逐步建立正确的认知模式。这种由研究引导的以学为主的创新教学模式不仅能为学生提供扎实的、可转换为生产力的相关知识技能，也能培养他们终身学习的兴趣、独立思考的精神、自适应学习（adaptive learning）的才智、处理不确定事物或新兴问题的能力等当代大学生所需具备的综合素质。

显然，在研究导向型教学模式下，教师的角色也需要被重新定义——不再是教学的“统治者”，而是通过教学互动激发学生主动学习的兴趣，并成为营造研究导向型学习氛围的引导者和支持者。推广研究导向型教学模式的重难点在于：如何通过课程设计、教学与实践活动、教学评估等关键环节，在教学体系中反映上述“教-学”关系的转化，并取得预期的教学效果。

在当前的高等教育领域，与研究相关的教学模式主要有四种：（1）将研究内容（如相关领域的前沿科研成果及方法论等）融入教学，培养学生的创新和科学思维能力，激发他们开展研究导向型学习的热情；（2）通过“真题假做”即项目教学法（project-based learning），将实际项目引入教学，进一步将教学情景生活化，并将研究视为启发学生的一个重要过程，让学生在参与过程中潜移默化地养成科学思维和研究导向型学习的习惯；（3）同样采用“真题假做”（甚至“真题真做”）的形式，进一步强化教师的引导作用，通过激发学生最原始、最根本的好奇心，充分发挥他们在参与研究过程中的主动性，鼓励其根据自身兴趣有意识地认知世界和探究真理；(4) 通过“真题真做”，让学生直接参与到实际的研究项目中，并在实践过程中边学边做，最终实现“教-学-做”合一。

很多学者认为，上述教学模式中只有第三种才是严格意义上的研究导向型教学。但事实上，它们各有利弊，且适用的学生群体也不同。下面就以西交利物浦大学为例，解析不同教学模式在实践中的具体做法以及相关教学改革的重点和难点。

### （二）以西交利物浦大学为例

西交利物浦大学的办学宗旨是通过实施五星育人模式，培养具有国际视野和全球竞争力的世界公民。为更好地实现该育人目标，西交利物浦大学将研究导向型教学理念融入学科建设，希望能够在“互联网＋”时代为学生营造更好的学习体验，并引导他们在主动学习的过程中开启智慧，成为更好的自己。

通过践行以学生为中心的教学理念，西交利物浦大学致力于培养学生的研究导向型思维习惯（见图3－2），以及建立在此基础上的思辨能力、创造力和有效沟通能力。在充分推进本科教育与互联网相互融合并不断创新的基础上，西交利物浦大学的研究导向型教学模式为学生提供了沉浸式的学习体验，鼓励他们“从生活中来，到生活中去”（见图3－3），在培养他们国际化视野和科学决策思维的同时，引导和训练他们的求知欲、领导才能和企业家精神。

与传统填鸭式教学模式相比，研究导向型教学模式的引入对于教学双方都意味着巨大的转变——教从知识灌输转变为启发引导，学从被动听讲转变为主动探知。所以该教学改革的过程是艰难且痛苦的，尤其是对于那些习惯了在应试教育下死记硬背的学生而言更是如此。他们需要被恰当地引导，重拾原本对世界的好奇心和天真的求知欲。因此，在课程设计、教学与实践活动、教学评估等关键环节上，需要格外注重量体裁衣、循序渐进，并充分考虑目标学生人群对研究导向型学习方式的接受程度，以及他们现有的素养、能力和知识水平。

对于已习惯了传统填鸭式教学模式的低年级本科生，在教学过程中需要注重培养他们的学习兴趣，激发他们主动学习的热情，并在此基础上培养科学思维的习惯，完成从被动学习向主动学习的角色转换；对于已经具备基本科学思

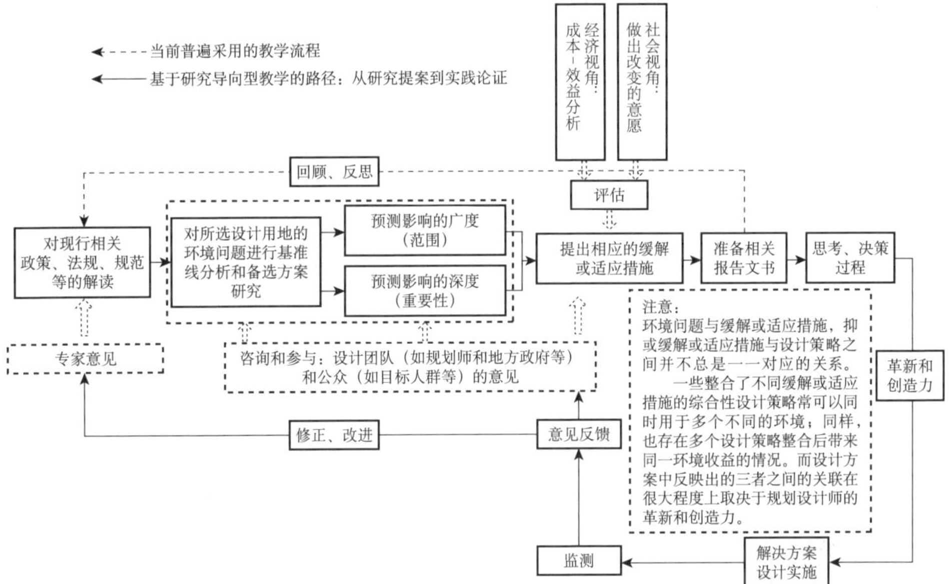


**图 3－2　研究导向型思维流程案例**

**图 3－3　西交利物浦大学建筑系举办南北校区桥梁设计比赛作品展**

维和创新能力的高年级本科生，在教学过程中需要注重培养他们在解决实际问题的过程中综合应用所学知识和技能的能力，并在此过程中潜移默化地养成研究导向型学习的习惯；而对于已经具备研究导向型学习能力的高年级本科生和研究生，在教学过程中需要注重为学生预留更大的创新空间，鼓励他们在已有知识储备的基础上更进一步，通过自省和反思，用批判的眼光去检验那些已有的知识和技能，并探索更为复杂甚至未知的（不确定的）知识领域，为未来世界的可持续发展提出具有前瞻性的意见。

在高等教育领域推广研究导向型教学模式的另一个难点在于——如何在鼓励教学创新的同时控制教学质量。目前高校在开展教学建设的过程中消耗了大量资源，又进一步影响到学生个体资源占有量，阻碍以学生为中心的研究导向型教学的实施。这些现象都值得高等教育工作者反思。事实上，研究导向型教学并不是一剂万能药，其具体实施需要谨慎，要强调因材施教，避免过犹不及。

# 第四章
# 人才培养模式及大学管理体系

一、中外合作大学融合中西方教育理念的人才培养模式

二、构建适合知识组织的大学管理体系

三、系统严密的质量监控体系

人才培养模式是一所学校的核心业务模式。中华人民共和国成立初期，我国的高校人才培养模式基本上沿用苏联的做法，随着改革开放步伐的不断加快，当前的人才培养模式改革进入深水区，需要下大力气回答“培养什么人、怎样培养人”这些根本问题。国际化是在这个方面的改革中取得突破的重要手段，例如中外合作办学融合中国和西方的优秀教育实践，特别是能够把西方现代大学的理念和制度融入中国本土的办学实践中，能够发展出中国情境中的国际教育模式，能够满足国内日益多元的教育需求的同时，为国内高等教育体系和人才培养模式的改革提供借鉴。

大学的管理体系是支持人才培养模式能够落地实现的系统，包括组织架构、制度、人事、财务以及文化等方面。大学作为知识组织，其基本使命是知识的创造和传播，有利于知识创造和传播的体系需要尽可能地扁平化和具备灵活性，因此，当下大学管理体系的改革方向是扁平化的，有更多的灵活性。中外合作大学由于具有非常独特的治理结构，能够有空间在建校初期就一步到位去除行政化的体系，建立一种扁平和灵活的组织架构。

本章主要讨论中外合作大学在人才培养模式和管理体系方面的特色及其对国内高等教育系统改革的启示。

## 一、中外合作大学融合中西方教育理念的人才培养模式

人才培养模式首先关乎人才培养目标，进入 21 世纪后，世界各国都在探索如何提升学生除了知识以外的能力和素质，素质教育成为国内外教育改革的主旋律。在国内，素质教育是近年来我国各级各类教育改革的目标和方向，《国家中长期教育改革和发展规划纲要（2010—2020 年）》明确提出，“坚持以人为本、全面实施素质教育是教育改革发展的战略主题”，并指出实施素质教育的“核心是解决好培养什么人、怎样培养人的重大问题，重点是面向全体学生、促进学生全面发展”。各级各类学校都将素质教育作为改革和发展的重要指导，至今取得了一定成效，但如何深入推进素质教育尚无清晰思路和策略。本节从国内素质教育的挑战和问题出发，在讨论素质教育应该关注的重要问题后，基于西交利物浦大学通过创新人才培养模式来推进素质教育的探索和实践，讨论这种实践为国内高校深化素质教育的改革提供的借鉴。

### （一）素质教育是高校改革发展的战略主题

素质教育是国家针对我国长期以来实施应试教育的弊端提出的。1994 年《中共中央关于进一步加强和改进学校德育工作的若干意见》明确提出大学应开展素质教育，1999 年《中共中央国务院关于深化教育改革，全面推进素质教育的决定》又进一步明确要坚持面向全体学生全面推进素质教育，2010 年发布的《国家中长期教育改革和发展规划纲要（2010—2020 年）》则把全面实施素质教育作为教育改革和发展的战略主题。

在实践上，我国大学阶段素质教育的主题是实施文化素质教育。在教育部门的推动下，高校成立了一批文化素质教育基地，针对性地提高了师资水平，强调人文教育和科学教育的融合，并最终统一到创新型人才的培养上来。尽管各高校的做法和措施不尽相同，但都将素质教育作为改革和发展的主题。

### （二）大学亟须通过全面创新深入推进素质教育

虽然国家和高校都非常重视开展素质教育，但当前素质教育在高校的深入推进遇到了困难。很多高校把素质教育简单等同于开设几门人文或通识课程，仅仅在少数几个“点”上下功夫，缺乏素质教育在人才培养中的全程参与和全要素渗透，没有从“面”的广度来系统思考什么是素质教育以及如何实施素质教育等问题。因实践中对素质教育的内涵、背景和意义认识还不够清楚，加上应试教育依然占据主导地位，缺少有关素质教育的政策和制度保障，素质教育在高等学校改革中遭遇困境，这迫切要求大学通过全面创新来探索深入推进素质教育的新路子，系统改革我国高校传统的人才培养模式。

### （三）西交利物浦大学创新人才培养模式推进素质教育的实践

#### 1. 明确具体的人才培养目标

西交利物浦大学在遵循教育促进人的全面发展这一基本诉求的基础上，整合中西方教育培养学生应对新世界挑战的优势，探索形成一套系统的人才培养目标体系，认为学生通过大学阶段的学习，应有三个方面的收获：知识、能力、素养（见表 4-1）。这三者包含了学生在全球化时代健康成长所需的各种核心要素，超越单纯灌输专业知识和技能的做法；不是将学生罩在保护伞下远离社会，而是让学生了解真实世界中的好与坏，并通过学校教育提升他们在真实社会中的生存能力，强调在复杂多变的社会中生存，至关重要的世界观、人生观和处世智慧是对素质教育中知识、能力、素养三大目标在全球化背景下的具体化和拓展。

**表 4-1　西交利物浦大学的育人目标**

<table>
<tr><th colspan="2">培养目标</th><th>知识体系</th><th>能力体系</th><th>素养体系</th></tr>
<tr><td colspan="2">时代对大学育人的新要求</td><td>学生应熟悉国际规则和异国文化，学习在复杂多变的环境下生存的知识</td><td>全球化背景下的国际人才竞争力、知识经济中的创新能力和自我学习能力、信息时代的生活能力</td><td>多元文化交互中的世界观和伦理原则、知识经济中的价值观</td></tr>
<tr><td rowspan="2">大学的优秀经验</td><td>西方</td><td>通识教育，强调科学思维和规则意识</td><td>创新、批判、主动精神，合作能力和应用能力</td><td>人文精神</td></tr>
<tr><td>中国</td><td>专业教育，强调基础知识和艺术性</td><td>知识获取能力、语言能力</td><td>德育和思想政治教育</td></tr>
<tr><td colspan="2">具体的育人目标</td><td>生存与自我管理的哲学与智慧、在国际企业实习经验及国外生活经历、艺术与技巧培养、科学训练与知识获取、技术培训与工具运用</td><td>参与国际竞争的能力、扎实的整合与运用知识的能力、主动的态度和坚实的执行力、积极探索与创新精神及终身学习的能力、互动合作的精神与行为能力</td><td>核心思想是快乐生活、成功事业，核心价值观是创新和贡献，核心目标是提高人类生存能力，核心伦理原则是和而不同，核心世界观是全球视野与练达</td></tr>
</table>

### 2. 融合中西方优势的综合教育策略

综合教育策略是帮助学生获取知识、培养能力和熏陶素养的直接手段。根据学习社区（learning community）理论，大学就是通过构建学习社区来帮助学生成长的社会组织。杜威指出，这种社区要给学生提供一种学习的情境，让学生与相关的人或组织进行互动。建构主义哲学视角同样强调，学习者主要通过与环境的互动获得知识、技能和竞争力，而不应受特定指令的控制，学习的过程就是学习者的意义生成（meaning-making）过程，在全球化的时代，只有在国际化的氛围中同世界各地的客体互动，才能形成国际竞争力。此外，能动性理论指出人都是有能动性的，具有反省和自治的能力，拥有强有力的能动性的学生将拥有更多的学习和发展机会，因此教育应提倡学生的自主参与以及教师的鼓励和引导。西交利物浦大学从学生入校就开始培养他们主动学习的态度，提倡学生自我管理和自主发展，专门成立教学委员会系统设计一年级课程，甚至未入学就通过育人理念宣传、校长邮件等来帮助学生尽快理解和适应学校的育人理念。基于对话式教育理论，采用讨论教学等方法，强调教师和学生之间的平等以及相互的尊重、鼓励和启发，通过四位一体的导师体系引导学生健康成长。在这样一套系统的理念和方法的指引下，学生的潜能得到充分释放。

(1) 构建网络化的学习社区。

西交利物浦大学把校园看成学生成长的社区，学校的职责是聚集资源、建立联系、提供支持和服务，让学生在社区中尽可能多地与不同的人和组织互动，并且每一项互动都遵循帮助学生学习和成长这一原则。例如，学生在课堂上除了与教师互动外，还要在大量的讨论课上通过参与分组讨论、参加小组作业及项目和同学互动，锻炼自我表达能力；有些文化和社科类课程已经实现网络化教学，专门开辟论坛空间，以讨论的方式教学并使学生完成作业，学校甚至通过网络课堂将学生与世界各地的教师连接并可随时讨论互动。在课程设置上，学校充分尊重学生的兴趣，为学生提供选择专业的空间，开设 50 多种选修课，内容涉及人文、艺术、体育和生活等各个方面。课外活动也以学生为主导，学生自主组织和选择感兴趣的社团、俱乐部和比赛，学校只提供必要的帮助和资源支持，各国风俗节日、数学建模大赛、创业大赛等已成为品牌活动。假期期间，学生有各种参加实习和社会实践活动的机会去体验社会生活。

(2) 营造国际化的学习氛围。

在日益国际化的时代，培养具有国际视野的高端人才是各国政府和高等院校的首要任务。西交利物浦大学利用自身先天的国际化优势，努力为学生营造国际化的学习氛围。首先，在全球招聘学校教师，学生也要具有在多元文化下生活和学习的经历。学校还招收来自数十个国家的近百名留学生，并规划保持10%以上的留学生和更多的短期来访交流，让学生之间以及师生之间的交流成为了解异国文化和塑造多元意识的第一道窗口。其次，学校与英国利物浦大学签署“2+2”和“4+X”合作协议，学生可以通过协议到国外学习；组织学生到多个国家开展暑期实习交流活动。这些协议和活动可以让学生亲身体验异国文化、增长见识、拓宽国际视野。最后，学校的课程设置和教学管理在继承英国模式严密质量控制体系的同时，吸收美国模式给予学生一定自我设计的灵活性以及中国模式重基础的特点，采用全英文教学，将国际化的理念和氛围植根于学生的每一堂课中，学生也通过课堂亲身感受和实践国际化的知识体系和行为方式。

(3) 培养主动的学习态度。

学校鼓励学生在学习社区内积极主动地参与互动。首先，学校借鉴英国传统的小班授课的教学方式，在教学过程中鼓励、帮助学生改变被动学习的习惯，培育学生积极主动学习的态度和能力，形成了兴趣导向、互动教学、主动学习的培养体系。其次，学校强调培养学生学习、获取、整合和使用知识的能力。这不是把知识拆分教给学生，而是展现完整的知识体系，告诉学生它的意义和作用、基本的技术和逻辑、怎么用它解决实际问题、背后的方法论和哲学，并为学生提供大量相关资料，学生自己利用课前大量的资料和课后的小组活动、项目来学习、体会和实践，这样学生不仅学到了知识，而且学到了怎么寻找、整合和利用知识，增强了学习能力、团队合作精神以及执行力。此外，学校不强行要求学生参加课外活动，但鼓励和引导学生如何主动地寻找提升自我的机会以及根据自己的兴趣参与到课外的互动中。

(4) 提升自我管理的能力。

西交利物浦大学将学生的健康成长作为人才培养的最终目的，把学生看成年轻的成人，希望每个学生承担起自己的责任，学会独立选择、自我管理、终身学习和判断社会是非，走出学校就能适应社会的发展。但是从小到大的应试教育使中国的孩子没有长大成人，因此大学称他们为年轻的成人，须进行一定的引导和支持，强调成人的责任，又强调学校对学生进行教育的需求。学校学生工作的原则是“学生自治、学校引导与服务”。学校提倡“学生上前一步，家长退后一步”，鼓励家长将学生学业和生活中的问题交由学生自己处理，新生报到时家长不进入现场，全程由学生自行处理。为了更好地实施学生自治的理念，学校开设自我管理课程，专门帮助学生规划如何充分利用大学的资源和机会，尽早地领悟如何过好大学生活，提升自己的素养、能力和知识。

### 3. 支撑系统

支撑系统作为保证育人目标实现的服务体系，也体现了西交利物浦大学整合中西方优势的特征，以及学校追求多元、规则、创新、自由和信任的校园文化。为了营造这一文化氛围，学校坚持董事会、师生和社会人士共同治理的原则；学术资源配置完全围绕学术进行，行政权力只扮演服务角色；学生社团活动完全由学生自主策划、组织和开展，学校只提供必要的指导、帮助和服务。学术支持系统中的教师支撑管理、教学质量控制、课程设置等各个环节都采用英国利物浦大学的体系，并基于中国环境做了改进；图书馆、基础设施建设也突显国际化、开放式研究型大学的特色。学习支持系统遵循学生为本的原则，按照服务学生的宗旨，搭建教学管理平台。几个分系统整合形成支持学生、教师良性互动的综合服务平台和学术共同体。

### （四）五星育人模式对高等学校推进素质教育的启示

#### 1. 明确的人才培养目标是实施素质教育的前提

大学素质教育的成与败，首赖于体现教育之人才观、人才质量观、人才发展观等价值取向的明确，西交利物浦大学在构建人才培养体系之初就明确提出，要培养具有国际竞争力的世界公民，使学生成为全球化背景下具有民族意识的公民、中国土地上的国际化公民，着力提高学生的素养、能力和知识水平。这一独具特色的人才培养目标综合了高等教育的基本规律、时代对大学人才培养的要求以及西交利物浦大学自身的优势。这和自古以来教育家对教育“促进人的发展”这一主张一脉相承，国家倡导的素质教育理念也认为，大学教育要实现对人的自我成熟、成长、成才具有决定性作用的内在素养和品质的全面改善、提高和发展。

西交利物浦大学的办学经验表明，明确的人才培养目标是实施素质教育的基本前提，有了目标才能系统地、有针对性地设计教育策略、支撑体系和人才培养模式。当前我国高校首先应根据教育发展的基本规律、时代对大学人才培养的新要求以及高校的自身特色，制定明确、全面、具体的人才培养目标。

#### 2. 素质教育需要转变对学生和大学教育的认识

如何看待学生是大学构建育人模式的基本前提。当前的大学、家长和社会普遍把大学生看成小孩，在学校由辅导员负责生活管理，学生会和社团要由学校行政部门直接管理；家长则习惯按照自己的兴趣和追求替学生做选择，把学知识放在第一位，生活中的事情统统由家长包办；社会则不断给高校压力，要求严格管理学生。几千年来对教育的传统看法和错误认识把学生罩在保护伞下，他们很难通过自己的实践来提升素养和能力。西交利物浦大学将学生看成年轻的成人，入学日就是他们的成人日，需要独立选择和承担责任，学校帮助他们搭建成长的舞台，以引导和服务为主要职责，为学生提供广阔的能力训练机会并营造自由、自主和多元的氛围，让学生的素养得到熏陶。知识只是大学学习的副产品，更重要的是学生如何学到知识并利用学到的知识在复杂的社会中生存。在这一育人理念下，学生不但没有由于管得少而自由散漫，反而激发了他们主动承担社会责任的欲望，积极参与到感兴趣的互动中，通过四年的大学学习获得宝贵的人生财富。可见，大学生作为法律上的成人，在生活和学习中同样可以通过学校的引导长大成人，毕业后能快速融入社会。当前大学的素质教育需要反思和改变对学生的看法和态度，并采用有利于学生健康成长和长远发展的育人模式。

3. 素质教育要紧紧围绕以学生为中心的原则

素质教育的目的是更好地帮助学生健康成长，关键是更好地把学生培养成社会需求的人才，西交利物浦大学“以学生发展为导向，以学习为中心”的教育理念表明，高校实施素质教育应该将以学生为中心的原则贯彻到每一项与学生有关的决策和活动中。首先，学校的人才培养目标应以自身的资源条件如何促进学生健康成长为基本诉求，避免由于其他因素影响而淡化高校人才培养这一根本任务。其次，高等学校的课程设置、教学理念和教学方式等教育策略应以有利于学生更好地学习为原则，例如应改传统的“以教为主，以学为辅”的教学方式为“以学为主，以教为辅”，充分调动学生的主动性和积极性；学生参加社团活动和社会活动应坚持自主性和有利于学生成长的原则。最后，学校的资源配置和组织架构设置应以有利于学生的学习和成长为根本原则，在决策中始终把学生利益最大化作为基本目标。

4. 将素质教育拓展到人才培养的全过程

当前我国高校实施的文化素质教育理念主要关注课堂教学、课外活动、实践教学和校园文化等几个方面，学生培养的许多其他环节并没有完全贯彻素质教育的理念，素质教育在大学的实践停留在若干“点”上，没有形成“面”的聚集效应。西交利物浦大学的实践表明，素质教育的理念应贯彻到学生从入学到毕业参加的每一项校园活动中，除了现在大家普遍谈到的课堂教学、课外活动、实践教学等环节外，还应在学生管理（对学生的看法、日常管理、社团组织管理)、教学理念、教学方式等方面体现素质教育强调学生健康成长这一目标，特别是在学生长期接受应试教育的背景下，应着力转变学生的价值观、态度、学习方式、行为习惯等，从学生接受的每一个教育环节入手传达素质教育的理念。

#### 5. 系统构建实施素质教育的保障体系

大学应系统考虑从教学、学术、行政、设施、文化等多个方面保障素质教育理念的实施。当前，高校谈素质教育多倾向于从教学和学术角度考虑，行政、设施和文化等方面服务学生成长的理念还不足，没有系统整合学校资源作为保障，实际执行效果不佳。西交利物浦大学不仅有明确的人才培养目标、全过程的综合教育策略，而且通过系统整合学校资源，通过校内外、不同专业师生的碰撞和合作，各种非正式的交流与沟通氛围的营造，全面为学生成长服务，学校把大学看成支撑学生和教师互动的学习社区，学校的资源和管理全部为这个社区的正常运转服务，大学治理、组织结构、学术权力与行政权力的互动以及内部管理体系等各方面都坚持体现以服务学生的成长和共同体的创新为目标。这种模式能很好地保证将素质教育理念落到实处。

## 二、构建适合知识组织的大学管理体系

经过几百年的发展，人才培养和科研已经成为大学的两大核心功能。随着知识经济时代的到来，大学由于在知识传播、创新、转化过程中的关键作用而变得日益重要。当前，大学的人才培养水平和科研水平是评价其整体实力的核心要素，大学也把提高人才培养和科研能力作为关键目标。然而，受传统官僚组织管理的影响，大学的内部管理体系中存在着诸多不利于人才培养和科研的因素。因此，基于新型大学的实践和经验来探索大学内部管理体系改革是一个较好的途径。本节以西交利物浦大学为例，探讨大学在以人才培养和科研为核心功能的前提下，应建立怎样的内部管理体系以促进两大核心功能的提升；然后，进一步讨论对当前我国高等教育体系和大学改革的启示。

### （一）大学的核心功能及其对内部管理的要求

#### 1. 大学的核心功能

大学作为社会中的一类组织，其功能与社会的发展息息相关。随着社会的

演化，大学的功能也在不断调整。大学出现之初，其主要功能是传授知识（教学）。英国学者纽曼在《大学的理想》中指出，近代以前，大学的活动与知识的传播及掌握相关，而不与新知识的探索及获得相连，也不与简单的生产相关。大学成为各门专业的中心，如研究古典文学的中心、神学和哲学辩论的中心。19 世纪末，德国的洪堡对柏林大学进行改革，提出以大学为研究中心的思想。柏林大学强调的是哲学、科学、研究生训练、教授和学生的自由，这使得柏林大学在 19 世纪成为世界上最富生命力的新型教育机构。这种重视科研的思想很快在美国得到了发展，约翰斯·霍普金斯大学成立伊始即为一所侧重于科研的研究生院，自此，科研成为大学的第二大核心功能。威斯康星大学是另一所在美国高等教育史上占有重要地位的大学，它以“威斯康星思想”而著名。“威斯康星思想”明确把服务社会作为大学的重要职能，大学服务社会的基本途径包括人力资源培养；传播知识；推广技术；提供信息；发动大学教授服务于州政府，参与决策与管理工作；发动大学专家充当巡回教师，到农村、工厂指导工作。

当前，国家间的竞争日益激烈，创新能力是促进经济社会发展的核心动力，人才又是创新的关键。说到底，创新和人才是当代国家竞争的根本所在。大学作为人才培养和科研的重要基地，在当代受到了前所未有的重视。大学的人才培养和科研功能成为当代国家和大学自身最本质的诉求，如何提升大学的两大核心功能成为社会关注的焦点，我国 2010 年发布的《国家中长期教育改革和发展规划纲要（2010—2020 年）》就明确提出“育人为本”和提高高等教育质量(其中科研是重要部分）的目标及要求。美国、欧洲、日本等发达国家（地区）也相继出台相关法案推进国家创新能力和提升人才水平。

### 2. 促进大学育人和科研功能的内部管理体系

大学内部管理体系是实现育人和科研功能的基本支撑要素。实践方面，作为最高级别会议之一的“中外大学校长论坛”四届会议的主题分别是：“现代大学的领导与管理”、“大学发展战略规划、科技创新与科研成果转化”、“大学的创新与服务”以及“提高大学人才培养质量”。这些主题无一例外都是大学内部的管理问题。研究方面，“大学战略管理”“大学科研管理”“大学教学管理”“大学学生管理”“大学文化”等都是教育学者研究的重要课题。已有学者批评当代大学在内部管理中存在很多阻碍其功能实现的因素，这种情况有待改进。因此，大学的内部管理是探讨如何提升大学人才培养和科研水平的一个有效视角。

3. 当前大学内部管理体系的现状与问题

在我国，历来有研究做得好的学者担任行政职务的传统，知名大学的校长也一般由院士来担任，很多校长没有足够的管理知识和经验，导致高校的管理工作缺乏科学性，有很多管理行为没有遵从最基本的管理规律。如高校定位不清晰和无特色、官僚式结构和治理结构不清晰导致管理低效、大学文化日益浮躁、行政化风气严重等问题广受各界批评，大学内部管理体系改革迫在眉睫。

然而，从国家层面看，2010 年发布的纲要讨论的多是国家体制和制度层面的问题，对高校内部管理涉及较少。例如，纲要将优化高等教育结构和特色化办学的任务多归为体制问题，认定为教育主管部门的责任。诚然，管理部门的引导作用很重要，但真正要实现特色办学，大学管理者也是重要责任人。

诚然，体制是高效发展的决定因素，但高校内部管理也是办学方向和质量的重要影响因素。大学作为社会组织的一种，应该遵从特定的组织发展规律。当前关于高等教育改革的讨论关注大学体制和制度问题无疑是必要的，但忽视大学内部管理科学性同样会使改革难以达到理想的效果。因此，讨论大学内部管理体系的改革具有重要意义。当前，高校内部管理的主要挑战有：复杂多变的环境下采用怎样的组织方式保证大学全体成员行动方向的一致性，如何解决高校管理的行政化问题，如何构建有利于知识创造和传播的内部治理、组织结构、管理技术体系和大学文化等。

## （二）西交利物浦大学网络化的内部管理体系

大学内部管理体系的构建受宏观的教育制度、治理架构和微观的组织成员行为的影响，对管理体系的改革是一个复杂的动态过程。中外合作大学的管理体系总体上特色明显，可为高等教育改革提供借鉴。本节以西交利物浦大学为例，来讨论国内大学内部管理体系的改革方向和路径。

西交利物浦大学成立之初，全球高等教育正面临着来自全球化、知识经济和信息技术革命三大力量的挑战，如发展迅猛的全球化要求大学在国际教育市场上配置资源和开展竞争，发展中国家大学受到发达国家大学的强力冲击，发达国家大学也陷入人才争夺战；知识经济将大学的知识创造功能提高到前所未有的高度，大学如何提高科技创新能力成为发展的关键问题；信息技术革命使社会大众获取知识相对容易，大学传统的知识传播功能受到挑战。大学需要反思在新市场、新经济和新技术面前如何保持独特性，如何发挥好核心功能等重要问题。西交利物浦大学成立的基础和优势是可以融合来自两所母校的教育优势，能够在一个全新的国际平台上整合中西方教育传统的优势以应对时代的挑战。因此，其从建校之初就开始从各方面探索符合时代发展要求的大学模式，特别是在大学内部管理方面的探索已形成体系，关键要素包括：大学愿景和使命、大学治理结构、大学文化、大学组织架构、大学管理技术、大学学生管理等六个部分。这六个部分通过和谐管理理论整合在一起，形成一套系统的大学内部管理体系。

### 1. 清晰的大学愿景、使命和实践机制

当代社会日益复杂多变，大学要在动荡的环境中生存和发展，应对变化至关重要。大学需要确定清晰的愿景和使命，并使其深入人心。愿景是大学社区内成员行动的终极目标，不随环境的变化而变化。因此，不管环境如何变化，只要成员有一致的行动方向和终极目标，就可以有效应对变化。

考虑到中西方教育体系的融合能够更好地应对来自时代对大学的挑战，西交利物浦大学从一开始就定位为高水平的大学。根据时代的要求和大学的独特优势，西交利物浦大学确定愿景为“研究导向、独具特色、世界认可的中国大学和中国土地上的国际大学”。研究导向除了顺应知识经济时代培养时代紧缺的创新型人才及通过科研对社会做出贡献的需求外，还可聚集具有极强研究兴趣的高水平师资，使创办高水平大学成为可能；之所以要独具特色，是因为现在是一个需要反思大学价值、育人模式的时代，需要创新和超越，同时与已有大学形成差异更利于形成相对竞争优势；之所以强调国际化，是因为全球化背景下任何竞争必然是国际化的，因而只有适应国际竞争的人才和研究才能取胜于未来，另外西交利物浦大学的后发优势及便于整合中西方教育资源的平台使其具有天生的国际化优势，建成世界认可的中国大学和中国土地上的国际大学成为必然选择。

为了有效实现愿景对大学日常教学、科研和社会服务的指导作用，大学又通过确定使命来明确大学发挥各项功能的重点和特色。西交利物浦大学的使命是：培养具有国际视野和竞争力的高级技术和管理人才；积极为经济和社会发展提供科技和管理服务；在人类面临严重生存挑战的领域有特色地开展研究；

探索高等教育新模式，影响中国甚至世界的教育发展。大学培养具有国际视野和竞争力的高级技术和管理人才正是基于自身的国际化优势，同时积极开展科技和管理方面的社会服务；科研将以新能源与可再生能源、生物技术及生物工程、环境保护与可持续发展、环境化学、网络及通信、人工智能、金融研究、金融数学、城市化及中国环境下的管理为战略领域，这也是综合考虑人类亟须重大突破、市场和生存环境的需要，以及学校依托两所母校的专业优势、课程和资源的选择；最后，基于当前全球高等教育反思时代的挑战和自身国际化的优势，提出为全球高等教育发展做出探索的使命。可见，西交利物浦大学愿景和使命，是在充分综合考虑大学功能、时代要求和自身优势的基础上形成的。

为了保证大学的愿景和使命能有效指导学校和员工的日常工作，西交利物浦大学采取了一系列措施强化愿景和使命的影响。首先，以定期公开论坛、年度工作要点、学校通信邮件、战略和育人模式要点、日常性“案例研讨会”等方式与教职工分享和讨论学校愿景、使命、战略重点、育人模式、文化诉求等，加深大家对学校愿景和使命以及未来的理解，并将其转化到工作和实践之中。其次，新员工入职都要自学学校的愿景和使命并提交学习感受，分析学校愿景和使命与自身工作的关系，学校定期举行员工培训帮助员工加深理解，并通过讨论深化影响。最后，学校各部门定期组织研讨会、午餐茶话会和征文大赛，使愿景、使命、管理方法和行为规范以及文化诉求等深入人心，变成工作习惯。

### 2. 明晰高效的大学内部治理结构

根据《中外合作办学条例》的有关规定，西交利物浦大学在治理结构上实行董事会领导下的执行校长负责制的运行模式。两所合作学校选派代表共同组成学校董事会，董事会依据章程在董事会推荐和遴选基础上选拔和任命校长；其他校领导按照章程推荐和遴选并经校长认可提名，由董事会批准和任命。在分工上，董事会负责战略性决策，包括领导任命、投资决策、资源配置、办学思路和方向等；执行校长领导高管团队负责战略决策的实施和日常运作。董事会和执行校长之间的权责利及二者间关系界定清晰明确，且校领导选拔和退出机制健全、高效。

### 3. 符合信息化和人工智能时代全员育人的大学结构

尽管目前关于大学育人的改革讨论得轰轰烈烈，但是关于大学管理体系改革的讨论却不多见。实际上，大学管理体系作为支撑育人活动的基石，对于我们当前所讨论的很多改革的成败具有决定性作用。例如，近几年国家提出三全育人（全过程、全方位、全员育人）的理念。《关于加强和改进新形势下高校思想政治工作的意见》指出，高校要把立德树人作为根本任务，融入思想道德教育、文化知识教育、社会实践教育各环节，把思想政治工作贯穿教育教学全过程，把思想价值引领贯穿教育教学全过程和各环节，形成教书育人、科研育人、实践育人、管理育人、服务育人、文化育人、组织育人长效机制。毫无疑问这个理念非常好，但要实施好这个理念，意味着全校所有部门所有人都要瞄准育人这个目标并形成统一战线，这不仅需要大学梳理清楚不同的部门应聚焦于育人这一条线的流程，还需要大学有一个清楚的设置，以便让不同部门的人可以轻易地在一起合作。

目前大学里不同部门的人在一起合作，其实并不是一件容易的事。大学几乎都采用科层式组织架构。在这种架构下，大学不同部门的员工要想合作在一起，需要遵守一套正式的程序，这套程序往往是非常烦琐和冗长的。一线员工尽管是对育人的具体操作和流程以及学生的需求最清楚的群体，但是往往没有决策权，在很多情况下，跨部门的合作需要逐级上报，由具有一定程度决策权的管理者来决定是否参与跨部门合作，这样很多合作的机会可能就会消失。

例如，图 4－1 展示了当前大学常见的管理架构，如果职员 J 希望和职员 L 以及职员 N 共同做一个学生活动，应该如何联系 L 与 N？如果一个学生活动要求职员 J、L、N 通力合作完成，应该如何形成合作团队？如果大学在以学生为中心的情况下，学生参加的各种活动需要频繁地出现上述的两种情况，如何来提升效率？

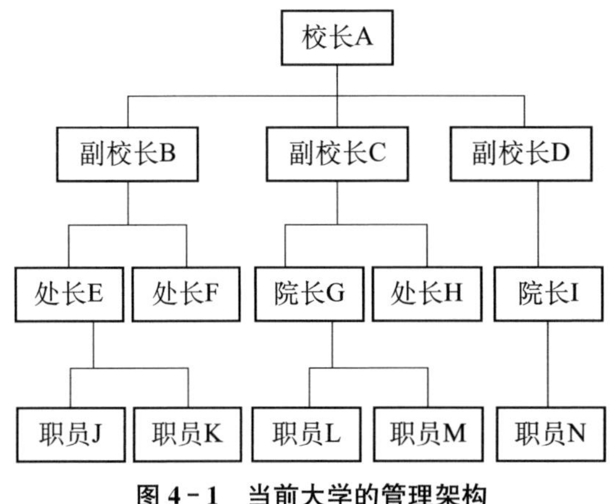


**图 4－1　当前大学的管理架构**

按照正式的组织程序，J 需首先请示 E，E 请示 B，B 请示 A，A 组织 B、C、D 开会讨论，从 E 处出红头文件，发到 G 和 I，再布置给 L 和 N。当然也可能 J 和 L 以及 N 是好友，私底下商量成功合作，但这种合作不可持续。因此，由于协调太复杂，这种事 J 一般不会考虑做，从而造成大学内部不同部门之间很难形成快速合作的局面。

三全育人实际上要求大学必须做到的是，在架构上确保不同部门和不同的人要为同一个育人的目标快速合作，长期持续地抓住潜在的合作机会。目前尽管很多高校都在按部就班地规划不同部门的育人职责，但是，三全育人的核心理念并不是除了教务部门外，学工部门、国际处也独自考虑育人这么简单，而是每个部门在考虑清楚自身对学生成长的价值后，把自身嵌入学校支持学生成长的体系中。这种嵌入，就体现在如何与其他部门的快速紧密合作上。

西交利物浦大学过去十多年在管理体系上的探索，根本目标就是要解决不同部门之间为了学生成长形成快速紧密合作的问题。图 2－9 展示的椭圆形网络组织架构，主要通过两个方面的改革来达成这一目的。第一个方面是尽可能减少层级。人类社会过去采用的层级架构的主要特点是按照职能划分不同的部门，然后各负其责，这种架构在组织环境确定、任务清晰且相对固定的背景下效率很高，大学的育人模式基本上没有太大变化，且育人的功能主要通过教务部门的协调安排来实现，因此采用层级架构可以有效支撑育人的功能。然而，在三全育人的新背景下，大学需要快速整合不同部门的资源，形成针对学生学习需求的解决方案，在这种情况下，采用图 4－1 的正式程序来达成跨部门合作是不可持续的。因此西交利物浦大学架构改革探索的第一个方面就是尽可能减少层级，让不同层级之间为跨部门合作而开展的协调时间尽可能减少。

由图 2－9 可看出，西交利物浦大学的架构主要有两个层级，第一层是学校层，主要包括董事会、高管团队、学术战略小组及各种学术委员会。全校师生都是学校层的重要组成部分，特别是学校层的近 20 个学术委员会的成员都是来自各院系和部门的普通教师和学生，并不是只有学校的高管才从事学校层的管理。例如，教学委员会是学校关于教学事务的最高决策机构，教学委员会的委员主要是来自各院系的代表，一般而言，并不是系主任。学校架构的第二层是教学系，为了减少层级，学校不设学院，系是主要的教学组织单位。

同时，西交利物浦大学的行政部门并不在层级体系中，而是作为支持和服务平台来支持学校和系两级体系中的日常活动。

西交利物浦大学架构改革探索的第二个方面是调整所有职员在组织中的角色。在传统的层级组织中，每一层员工的角色有差异。一般而言，重要事务的决策由高层成员来做，一线员工主要在高层员工的管控下从事具体的事务。西交利物浦大学的组织架构探索改变了这一做法，最主要的是给予一线员工充分的自主权，特别是遇到各种需求能快速做出决定，以及拥有自主决定和其他部门员工是否合作的权力。在这种架构中，如果某部门的一位员工在学生学习或者教师教学中，需要和其他部门的同事合作，则可以直接和其他部门的同事联系，不需要汇报自己的主管，也不需要征得希望合作的同事主管的同意。

这样一种架构之所以能够落实，依赖于组织在以下几方面的建设：一是愿景和使命导向。当所有的员工都可以自主决策时，就必须知道什么活动是应该支持的、什么活动是没有价值的。而这一判断标准就是学校的愿景和使命，凡是有利于愿景和使命实现的活动，就是应该做的事。二是把知识活动作为学校的核心业务，并且所有部门要认可这一定位。当所有人都把知识活动作为核心业务时，在部门协调中就能找到唯一共享的核心价值，能够解决部门不同视角造成的可能的冲突。三是搭建无缝连接的支撑平台。只有学校各部门之间形成无缝连接的平台，才能快速找到合作的人和部门，并且无障碍地开展跨部门合作。这样，学校所有部门之间实际上就组成了一个生态系统，部门之间是共生的关系。

西交利物浦大学网络组织架构的基本目的是打造一种以支持和服务为导向的大学管理体系。这种体系是在信息化和人工智能时代，人类所有组织发展的必然趋势。在我国的大学真正全方位做到三全育人时，每一个学校一定会有一个以支持和服务为导向的管理体系。

### （三）西交利物浦大学内部管理体系对我国大学改革的启示

西交利物浦大学的内部管理探索实践对我国大学改革的启示主要有两点：一是在当今全球高等教育市场竞争日趋激烈的环境下，大学应依托自己的优势资源走特色办学之路，通过制定清晰独特的大学愿景和使命，找准定位。二是要切实按照学校愿景和使命的要求构建大学的内部管理体系，让愿景和使命真正指导学校的发展，而不是成为口号。西交利物浦大学从内部管理的角度实践大学愿景和使命的做法可在以下四个方面给我国高校提供借鉴：

第一，应建立清晰高效的大学内部治理结构。不管是董事会领导下的执行校长负责制还是党委领导下的校长负责制，都可以做到清晰高效。我国多数高校实行的党委领导下的校长负责制符合时代要求和中国特色的治理结构模式，实践证明这一体系还有诸多方面需要完善。2010 年发布的纲要也指出，公办学校要坚持和完善党委领导下的校长负责制，因此，在坚持的基础上如何完善是重点。当前党委领导下的校长负责制的主要问题是：对党委和校长各自的职责及二者间的关系界定不清，党委领导下的校长负责制实施程序和规则不完备，以及党委、校长的选举和退出机制不健全。可通过如下改革完善党委领导下的校长负责制，并提高其管理的有效性：进一步清晰、具体地界定党委和校长的职责范围，将界定标准从难以把握的“重要性”改为相对容易的“事务类别”，进一步明确党委和校长各自的职责及二者间的关系，严格规范党委领导下的校长负责制的运行流程和规则，改进党委书记和校长选拔方式，特别是建立监督和退出机制。

第二，在组织结构上，我国高校至少在两个方面有待改进。一是学术权力与行政权力的互动关系。高校管理的行政化成为当前最为关注的改革问题。传统高校之所以受到行政化问题的困扰，根源在于行政权力越权干涉学术事务，不符合大学发展规律。按照规律，学术权力与行政权力是高校有效运行不可或缺的两个方面，分别负责不同的大学管理事务。因此，大学去行政化既不应该将行政权力一棍子打死，也不应该让学术权力无所不包，而是需要清晰界定在高校治理中，哪些属于学术权力、哪些属于行政权力，然后制定明确完备的制度和流程，保证二者各自权力的有效实施，并处理好二者间的协调与监督关系。二是传统的科层制结构有待改进。我国高校内部管理体制采用传统的科层制形式，对学术组织来说，这种偏重效率的组织形式很难服务于研究工作。科学的大学结构应突出行政、职能部门的服务功能，教师和研究人员的核心地位，以及宽松自由的学术环境；应充分调动师生学习和研究的积极性，拓宽教师之间、师生之间的合作空间。在西交利物浦大学的网络组织架构中，每个人都是网络中的一个节点，没有层级之分，只有清晰的职责界定，他们地位平等、角色不同，共同为实现学校愿景和使命而快乐地学习和工作。

第三，大学应通过营造氛围和设计路径促进愿景和使命的实现。为了提升学校的科研水平，应提倡自由的学术文化，并通过结构和制度来保证研究者的学术权力不受侵犯，并静心于自己热爱的学术活动。同时，应具备清晰的员工行为规范和管理技术，指导员工的日常工作行为，促进教职工职业精神的形成，让他们知道如何促进学校愿景和使命的实现，并切身感受到自己对学校发展的贡献。

第四，给予学生更多的自我管理空间。学生自治既培养了学生自我管理的意识、解决问题的能力和团队精神，也增强了学生的责任感与使命感，学校服务则真正体现了一切以人才培养为中心的高校工作方针。高校大力推进学生组织建设，可以实现真正意义上的自治，提供学生成长的舞台。

西交利物浦大学已形成一套科学的大学内部管理体系：在变化的环境中坚守不变的追求与使命，保证员工行动的一致性和持续性；清晰的内部治理结构，保证高校管理工作的有效性；学术权力与行政权力分工合理、良性互动，变行政化为对学术活动的强力支撑；网络式平台支撑的学术社区的大学结构，为知识的传播和创造提供灵活的渠道；先进系统的管理哲学和方法论以及技术支撑体系，保证员工工作的职业性、专业性与团队合作；多元文化相融合，和而不同，激发创新。实践证明，以上是构建科学的大学内部管理体系的有效途径，并能为我国大学的改革提供借鉴。

## 三、系统严密的质量监控体系

我国高等教育实现了从精英教育到大众教育的过渡，但随着教育大众化阶段学生数量的激增，大学的生均教育资源下降，教学质量相对下滑，受到社会各界的广泛批评。2010 年发布的纲要明确提出，高等教育改革和发展的主题是提高质量。建立教学质量保障体系是提高高校教学质量的直接途径。国家对高等学校走内涵式发展的新要求以及当前我国高等学校教学质量的下滑，使得如何改善我国高等学校教学质量保障体系、提高高等学校教学质量成为迫切需要研究的课题。本节借鉴西方国家（英国）高等教育质量保障的优秀经验，结合在中国办学的实际情况，分析西交利物浦大学融合中西方优势建立的教学质量保障体系的探索和实践对我国高等学校如何提高教学质量提供建议。

西交利物浦大学是由西安交通大学和利物浦大学合作举办的具有独立法人资格的中外合作办学机构，学校同时授予英国利物浦大学的学位和教育部承认的西交利物浦大学学位，因此，在本科教学方面，学校要接受来自利物浦大学和教育部的双重认证。学校秉承英国高等教育系统严格的质量规定和品质意识，发挥中国教育体系注重基础的优势，并整合北美教育体系对学生自主性和灵活性的重视，建立了以外部机制为控制点、牵制内部质量管理流程的一套融合中西方高等教育质量保障体系标准的评估体系和质量保障机制，对教学质量和人才培养质量实施全过程监控。这套体系在国家及第三方认证机构、学校、院系、专业、课程和学生六个层面分别采取质量保障措施（见表 4-2）。

**表 4-2　西交利物浦大学的本科教学质量监控体系**

| | 教学理念 | 战略规划 | 专业建设 | 教学过程 | 教学评价 | 全程评估 |
|---|---|---|---|---|---|---|
| 国家及第三方认证机构 | | 教育部+江苏省教育厅：专业设置 | | | | •英国高等教育质量保障署等<br>•教育部本科教学评估<br>•教育部学位授予权评估 |
| 学校 | •董事会（审批）<br>•高管团队（学校愿景和使命、育人模式、战略规划） | •董事会（审批）<br>•大学学术委员会<br>•大学教学委员会<br>•学术战略团队<br>•发展咨询委员会 | •大学教学委员会<br>•课程与专业评审委员会<br>•一年级教学委员会 | •大学教学委员会<br>•教师专业发展培训<br>•教学发展基金<br>•学业导师制度<br>•教学支持<br>•学习支持<br>•信息支持 | •大学教学委员会<br>•考试委员会<br>•学业进展委员会<br>•学生评教<br>•外部考官制度<br>•教师年度职业发展评估<br>•年度专业评审 | 利物浦大学学位认证及年度回访监控 |

续前表

| | 教学理念 | 战略规划 | 专业建设 | 教学过程 | 教学评价 | 全程评估 |
|---|---|---|---|---|---|---|
| 院系 | | 院系教学委员会 | 院系教学委员会 | • 院系教学委员会<br>• 内部教学培训<br>• 导师安排学业 | • 院系教学委员会<br>• 师生联络委员会<br>• 同行评审制度<br>• 参与内部周期评审<br>• 参与外部考官遴选 | |
| 专业 | | | • 专业申请与筹办<br>• 专业发展 | 专业调整 | • 参与内部周期评审<br>• 参与年度专业评审 | |
| 课程 | | | • 课程申请与筹办<br>• 课程发展 | 课程调整 | • 参与内部周期评审<br>• 参与年度专业评审 | |
| 学生 | | • 参与大学学术委员会<br>• 参与大学教学委员会 | • 参与课程与专业评审委员会<br>• 参与大学教学委员会 | • 参与大学教学委员会 | • 参与师生联络委员会<br>• 参与内部周期评审 | • 参与本科教学评估<br>• 参与教育部学位授予权评估<br>• 参与利物浦大学学位认证<br>• 参与利物浦大学年度回访监控 |

### 1. 国家及第三方认证层面

(1) 英国高等教育质量保障署。

西交利物浦大学开设的所有学位项目均授予利物浦大学学位，并受到英国高等教育质量保障署的间接质量保障监控。英国高等教育质量保障署是其保障体系的重要组成部分。英国高等教育教学质量保障体系经过几百年的发展，目前已比较成熟，并被认为是世界上最好的本科教学质量保障体系之一。英国高等教育质量采用以内部控制为主、内外监督为辅的保障体系，其中内部控制主要是高校自身的教学质量保障系统，包括课程评估和学校评估两部分。课程评估主要在课程设计、审批、监控和评估程序上设立自己的标准并制定相应的规则，通过常规监控和定期课程评估保证把人才培养目标落实到教学上，评估的参与者主要包括外部课程考核者、教职工、学生、专业机构、校友以及雇主。学校评估主要由校外评估机构负责，主要就以下几方面进行评估并给出报告：依据学科综述、国家质量体系、高等学校的课程说明和其他相关事项，分析所设学位授予标准是否合理；学生学习成绩标准是否具有可比性；学位的评估和授予是否公平、合理。

英国高等教育质量保障署的具体工作包括：制定院校评估和学科评估的程序并组织实施；编制学科教学大纲的衡量基准，颁布学科教学指南，提供教学范例；向英国政府提供学位授予权和大学冠名方面的相关建议；为学生、雇主和其他关心高校质量的相关利益者提供有关高等教育质量的准确信息等。自2003年启用新的评估方法以来，其主要职责是进行院校审查，审查的重点不是直接评估高校的教育质量，而是监督和评估高校教学质量内部保障机制（质量评估标准和程序）的有效性。它每6年对高校评估一次，评估主要内容包括：检查院校课程标准和常规评估方式，评估院校质量内部保障机制的有效性；评估院校就课程质量和学术标准所发布信息的准确性、完整性和可靠性；要求院校就质量内部保障举证。

(2) 教育部及江苏省教育厅。

和公立大学不同，西交利物浦大学仅接受教育部对本科学位授予的评估，评估内容包括四个方面：学校定位、教学条件、人才培养方案、学习成果。西交利物浦大学并不受教育主管部门的直接管理和监控。学校成立以来主要在以下四个方面接受教育主管部门的考核评估：一是按照《中华人民共和国学位条例》和《中华人民共和国学位条例暂行实施办法》的要求，监督考核学生的学业成绩、毕业设计和毕业鉴定等材料是否满足授予学位的要求，并按照规定做出是否授予学位的决定。二是按照《普通高等学校基本办学条件指标（试行)》的相关规定，在办学条件上要求达到相应的水平，具体包括基本办学条件指标和监测办学条件指标。基本办学条件指标包括生师比、具有研究生学位教师占专任教师的比例、生均教学行政用房、生均教学科研仪器设备值、生均图书，监测办学条件指标包括具有高级职务教师占专任教师的比例、生均占地面积、生均宿舍面积、百名学生配教学用计算机台数、百名学生配多媒体教室和语音实验室座位数、新增教学科研仪器设备所占比例、生均年进书量。三是接受普通高等学校本科教学工作合格评估，在办学指导思想、教师队伍、教学条件与利用、专业与课程建设、教学管理、学风建设与学生指导、教学效果等七个方面进行全面评估。四是在专业设置与调整、招生人数确定方面接受教育主管部门的审批。

从教学活动过程看，上述四个方面的考核评估的分布如表 4-3 所示。从表中可看出，教育主管部门的考核评估内容主要集中在教学规划和教学评价两个阶段，注重学生所占教学资源的考核，对教学理念和教学过程的控制相对较少。考核评估的方式以审批（后三种）和直接评估（本科教学评估）为主，直接评估涉及教学质量保障的全部四个环节，和对其他公立大学的评估没有差别。

**表 4-3　教育主管部门对西交利物浦大学的教学质量考核评估**

| 评估手段 | 教学理念 | 教学规划 | 教学过程 | 教学评价 |
|---|---|---|---|---|
| 本科教学评估 | 学校定位、领导作用、人才培养模式 | 教师队伍、教学条件与利用、专业与课程建设 | 教学管理（管理队伍与质量保障）、学风建设与学生指导 | 思想品德教育、基本理论与基本技能、体育美育、校内外评价、就业 |
| 学位条例 | | 课程设置 | | 学业成绩、毕业鉴定、毕业设计 |
| 基本办学条件 | | 师资、基础设施设备、图书、生活条件 | | |
| 专业和招生审批 | | 专业设置与调整 | | |

2. *学校层面*

（1）英国利物浦大学对西交利物浦大学的评估。

英国利物浦大学对西交利物浦大学的评估主要包括 5 年一次的学位授予权评估（accreditation）、年度回访监控（annual monitoring visit）、日常性评估（validation）三种手段（见表 4-4）。学位授予权评估通过全面评估来决定是否在下一个五年允许学校继续授予英国利物浦大学学位，评估内容包括学校战略规划（strategic planning）、组织结构（organization structure）、政策（regulatory information）、质量保障体系（quality assurance）、师资（staffing）、学生经历（student experience）、教学与评估（learning，teaching and assessment）、学习资源（learning resources）、招生与品牌（marketing and admission）、学生统计数据（statistic data）、合作伙伴协议（partnership agreement）、政府文件（government documentation）等 12 个方面。评估特别注重质性的质量分析，淡化量化的统计指标，如对学生经历的评估就要随机选取若干名在校生进行面对面的深度访谈，体现了以学生学习为最终目标的理念。在评估结束后英国利物浦大学会做出是否继续授予学位的决定并发布评估报告，形成一个行动计划，指出未来学校应该在哪些方面继续改进以确保高质量的教学。

**表 4-4　英国利物浦大学对西交利物浦大学的教学质量评估**

| 评估手段 | 教学理念 | 教学规划 | 教学过程 | 教学评价 |
|---|---|---|---|---|
| 学位授予权评估 | 战略规划 | 战略规划、师资、学习资源、招生与品牌、合作伙伴协议、政府文件 | 组织结构、政策、质量保障体系、学生经历、教学与评估 | 教学与评估、学生统计数据 |
| 年度回访监控 | 肯定良好实践，同时针对存在的问题检查改进的情况 | | | |
| 日常性评估 | | 专业与课程设置、专业培养方案、教学大纲 | | 学业考试 |

年度回访监控主要针对这个行动计划，检查学校改进情况。英国利物浦大学组织评审委员团每年对西交利物浦大学开展为期两天的访问，通过与不同群体对象进行交流座谈，评审委员团全方位了解学校在过去一年中的发展状况，包含发展规划、教学、科研、校园设施设备、学生体验、双方院校合作等。每次来访后，评审委员团会形成一份正式的评估报告，全面、综合、详细地汇总审核反馈意见和建议，肯定良好实践，同时指出有待改进的方面。针对此评估报告中提出的所有有待进一步改进的方面，西交利物浦大学则需要通过制订具体改进行动计划来做出正式回应，行动计划包含具体改进举措和实施时段。在英国利物浦大学下一年度来访前，评审委员团将审查该行动计划的最新进展状态，确保每一项改进计划都高效、有序实施。

日常性评估主要是指西交利物浦大学在专业与课程设置、教学大纲修订、学业考试等教学过程监控中须接受英国利物浦大学的审核和监控，例如学生考试的试卷需要接受英国利物浦大学和外部考官的共同审核。

(2) 西交利物浦大学教学委员会。

大学教学委员会监管学校层面一切有关教与学的方案与提议，例如专业培养方案的制定与调整，学术规范与规定的拟定与修订，学生支持服务质量的监控与管理，教学方法的探讨与研究，学校、院系相关的各委员会管理章程与职权范围的规定，课程考核与评估相关事宜的追踪与讨论。大学教学委员会在专业、课程层面做相关决定，并将一切决定结果汇报给大学学术委员会。

(3) 西交利物浦大学课程与专业评审委员会。

这是大学教学委员会下设的一个分委员会。该分委员会全权代表大学教学委员会负责受理所有新课程大纲及现有课程大纲调整的申请；已开设学位项目的专业培养方案的小幅度修订，并向大学教学委员会提供有关新设专业申请材料（含专业培养方案及所有具体课程大纲）的内部评审意见及建议。除课程与专业评审委员会外，分委员会还包括大学一年级委员会、硕士研究生项目委员会等。

### 3. 院系层面

(1) 院系内部周期评审。

这是学校内部质量保障体系的重要环节。学校开展四年一度、以院系为单位的内部周期评审，旨在帮助院系全面审查系内所有学位项目的教授情况和学生培养情况，检查是否达到预定培养目标。学校邀请内部其他院系资深教师和校外中英高校资深专家，在学术副校长的带领下组成评审委员会，评估教学成果与学生学习收获和体验，以及支撑教学工作的相关资源与设备设施，并为院系发展战略提供指导性意见和建议。院系内部周期评审全面考核审查专业课程教学成果，为制定专业发展战略提供依据。针对评审委员会报告中提出的每一项意见和建议，院系均须给予正式书面回复，并制订相应解决、改善的长远计划。在接下来的 4 年里，学院需要在每年进行的年度专业评审中，定期汇报此计划的执行进度和完成情况，并确保下一次院系内部周期评审前完成所有计划。

（2）院系教学委员会。

每学期由各院系自行组织安排会议，由院系一定数量的教师参加。与大学教学委员会具备类似职权和职能，在院系层面监管一切有关教学方案与提议，任何议题经该院系教学委员会讨论、审议并一致通过后提交至大学教学委员会审批。经院系教学委员会通过的教学大纲要最终经过学校课程与专业评审委员会的许可才可以生效。

（3）师生联络委员会。

学校重视教师与学生之间的沟通和交流，以及课外教师对学生的辅导。院系要求所有任课教师每周至少安排 2 个小时的固定时间接受学生的到访和答疑。院系每学期召开两次师生联络会，由系主任、教师代表和学生代表一起讨论学生对教学工作的意见和建议，会后这些意见和建议由系主任传达给相关任课教师。

#### 4. 专业层面

（1）年度专业评审。

院系在每个新学年初始须提交一份年度专业自评报告，目的在于评估院系所开设的所有学位项目的实效性，从学科发展和行业应用的角度审核学位项目的通用性与关联性，评价学位项目的教育质量和学生综合学习体验。通过年度专业评审，院系可以及时甄别、发现有待完善、改进的方面，同时总结一年以来专业、课程建设方面的良好实践，并在学校各院系间广泛传播，相互参考学习，共同进步。

（2）新专业申请、现有专业培养方案调整。

学校对于任何新专业申请以及现有专业培养方案调整，均做出了具体申请和修改流程步骤及时间表。该申请和修改流程步骤符合英国利物浦大学和教育部的规定要求。

（3）专业认证。

专业认证是外部机构组织对院系提供的高质量学位教育项目进行全面综合评估并给予认可。西交利物浦大学鼓励院系从长远战略发展角度规划并逐步开展相关学科领域的专业认证申请。目前学校已经获得包括商科、工科、理科及人文社科等多个学科领域的近 30 个国际专业认证。

### 5. 课程层面

（1）新课申请、现有课程大纲调整。

学校针对新课申请以及现有课程大纲调整，制定了严格、完整的申请、评审、批准流程。具体流程为：任课教师将申请调整理由和具体拟修改内容提交至院系教学委员会，经委员会讨论并一致通过后递交至课程与专业评审委员会审核批准；一致通过后，课程与专业评审委员会秘书将审批调整后的课程大纲（新课程大纲）转交教务处，并由教务处统一上传至网上学习系统，供相关学生和教师参考、下载。在院系教学委员会和课程与专业评审委员会审批前，任何人（包括任课教师）均没有任何权限随意修改课程大纲的任意部分。此程序保证各科教学大纲和内容能不断适应新的社会发展以及职业需求，并且新设置的课程和对教学内容所做的修改都是建立在充分讨论的基础上的。

（2）同行评审。

学校鼓励并要求任课教师走进其他教师的课堂，相互听课、学习，旨在通过此种方式及时发现并解决教学中遇到的问题；甄别与传播良好教学实践；增进教师间的交流学习，加强教学运行环节的质量监控；不断强化教学管理，提升教学水平。

（3）内外部考官制度。

在试卷评分环节，西交利物浦大学有明确的评估实施细则。根据细则，每门学科的课程单元都应该清晰地定义评估任务，并应该同学习成果紧密联系。评卷教师评分后的分数，将由相关院系委员会任命一个或一个以上的校内主考人员，负责教师评分的合理性并进行分数的内部仲裁，仲裁人应该抽查评分标准，检查分数的连贯性，特别是临界分数。如果仲裁的结果显示评分有矛盾之处，那么所有的试卷应该重新批改。如果仲裁的结果显示评分的标准不正确，那么应该重新核定标准。最后，所有试卷都要通过每年夏季校外考官的详细检查，即外部仲裁。根据评估实施细则，学校对考试有严格的监督和审核制度。教研组有责任采纳来自主考委员会或校外考官的合理建议，不断地监督评估计划的效力。同时，监督结果也会反馈给学生。

### 6. 学生层面

学生是大学治理中很重要的组成部分。一方面，在以学生为中心的理念下，大学的育人要对准学生的需求，因此，学生就需要参与到育人流程的设计过程中。另一方面，学生的学习满意度也是当前国际上越来越关注的一个领域。在西交利物浦大学，学生在整个大学治理中的参与非常广泛，在全校的学术决策委员会中，多数都有学生作为正式成员，享有和教职工成员一样的权利。在有些委员会中，学生有可能占多数，并处于主导地位。例如，师生联络委员会是西交利物浦大学监督教学过程质量的一个重要机构，每个院系都有一个师生联络委员会，这个委员会学生占多数，且主席为学生，每个院系要选一名教师代表作为副主席协助主席工作。每个院系的师生联络委员会每学期至少召开一次会议，会上讨论一段时间内从学生视角反馈的教学问题，院系收到问题后，需要认真研究和一一回应，并制定改进策略。

# 第五章
# 新时代大学与社会的生态体系

一、区域创新生态系统及大学的作用

二、大学如何融入和贡献于区域创新生态系统

随着大学服务社会功能的日益强化，大学与社会之间的联系和互动日益紧密，大学如何更好地服务国家和地方经济社会发展也成为当前大学改革的一个重要议题。近年来，国家把创业创新作为推动新一轮经济发展的关键，大学作为创新的重要场所以及培养创业人才的摇篮，在实现国家战略中处于重要位置。大学到底如何嵌入国家和地方经济社会发展，成为大学改革的一大关键。中外合作大学和地方政府的关系十分密切，从而在探索大学融入区域经济发展方面具有优势。本章以西交利物浦大学为例，讨论中外合作大学在与社会互动中的探索，特别是融入区域创新生态系统的探索。

## 一、区域创新生态系统及大学的作用

### （一）创新生态系统概述

#### 1. 发展背景

创新是社会进步的巨大推动力，新的技术、资源、产品和组织是持续推动经济内在结构变革的动力。随着全球化进程的不断加快，经济发展方式和产业结构发生颠覆性改变，创新的作用愈加突显、内涵得以丰富和更新，创新是发明和眼光的相互作用而导致社会和经济价值的创造，并不是某种线性或机械的过程，而是在经济和社会的诸多方面具有多面性并不断作用的生态系统。创新生态系统提出以来，得到各国的高度重视。比如，美国总统科技顾问委员会的咨询报告中提出，“国家的技术和创新领导地位取决于有活力的、动态的‘创新生态系统’，而非机械的终端对终端的过程”；日本也强调“将创新生态系统作为日本维持今后持续的创新能力的根基所在”；经济合作与发展组织等各类国际性组织在各类文件与报告中多次强调创新生态系统的构建。同时，以硅谷、筑波、班加罗尔等为代表的地区有力推动创新生态系统的发展，各国均将创新生态系统视作提升国家竞争力的重要方式，并在国家发展战略中予以明确。

近年来，我国提出“大众创业、万众创新”的政策，致力于打造国家创新生态系统，从而助力于创新驱动战略的实施。国务院下发《关于大力推进大众创业万众创新若干政策措施的意见》，指出通过推动“大众创业、万众创新”，培育经济社会发展新动力，整合创新资源和人力资本，激发全社会创新潜能和创业活力，并依托“互联网＋”“大数据”等平台，实现各领域的有机集合，共同打造创业创新的全新生态。

### 2. 创新生态系统的内涵

创新生态源自硅谷的实践，硅谷的发展不仅促进了美国的科技创新和创业进程，更被世界公认为创业创新的中心。研究发现，硅谷的崛起，不仅由于其具备以高新科技为主的工业体系，更因为其中存在的一种氛围，一种以信息技术为主导、人们面对面交流的富有活力的知识生态。目前，硅谷经过多年的发展，已经形成了“创业团队＋创业导师＋孵化器＋风险投资”的完整生态链，为创业创新活动的开展提供了坚实基础。

在这种生态系统中，创业创新居于核心地位，其运作流程具体涵盖这样几个步骤：第一，基于对社会发展问题的理解和梳理，提出具有创新性的想法和创意；第二，通过研究将想法和创意转化为具体的技术发明；第三，尝试抓住商业契机，将技术发明转化为商业模型；第四，设计方案，将模型孵化成为具体的产品和服务；第五，进行宣传与推广，发布产品和技术转移，最终形成完整的创业产业链。创新的过程同时需要多元化群体的参与，包括学术界、产业界、基金会、科学和经济组织以及各级政府等一系列行动者，这些参与主体形成了三大群落：研究、开发和应用。这三者之间的互动与平衡推动了系统的持续稳定发展。这就类似自然生态的发展离不开空气、阳光、雨露、土壤等，创新生态系统的运作也需要这样的基本要素：首先，需要富有活力的创业文化和创新精神，如硅谷“勇于冒险、敢为人先、容忍失败”的文化价值观；其次，需要政府的政策和制度支持，如美国为实现人才聚集而实行开放、宽松的移民制度；再次，需要创新的平台与载体，如高新科技区、科技孵化园；最后，需要风险投资的推动，包括来自政府和社会的资金，社会资本通常倾向于短期项目的投资与跟进，政府则致力于投资高风险、长周期的项目。

因此，创新生态系统可以理解为：多种创业创新主体依靠特定的生存环境，通过研究、开发和应用三大群落的共生演化、自组织生长、开放式协同实现对创新活动的驱动，从而形成相互依存、相互影响、协同共进的有机整体和动态平衡系统，其构成如图 5－1 所示。一个好的创新生态系统需要由不同的要素来支持研究、开发和应用三个过程的高效开展，五大核心要素包括能够培养具有创新精神和创业能力的教育、能够包容失败和鼓励冒险的文化、灵活且服务完善的市场、支持多种风险水平和回报周期的资金以及吸引人才与保护创新成果的政策。

可以说，在五大核心要素中，教育对创新生态系统的高效运转具有先导性和基础性的作用。教育不仅是新创意和想法产生的地方，更是培养具有创新精神和创业能力的场所，而这些正是创新生态循环的出发点。创意的产生才能带动后面一系列产业链的形成，可见大学在创新生态系统中的重要性。

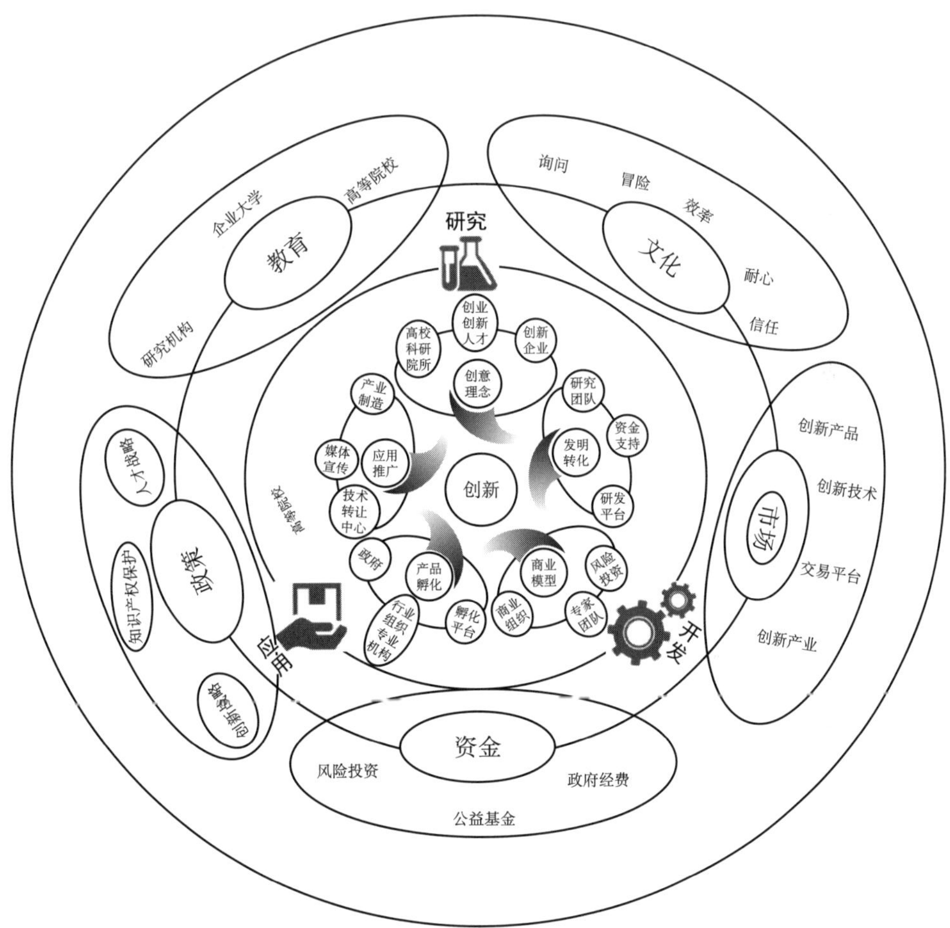


**图 5－1　创新生态系统**

资料来源：曾国平，苟尤钊，刘磊．从“创新系统”到“创新生态系统”．经济问题探索，2013（1）：4－12. 图 5－1 在原图基础上进行了修改与完善。

3. 国际化背景下的创新生态系统

20 世纪 80 年代以来，全球化对世界经济、政治、文化等领域产生深远影响，使其发生了根本性的改变，国际化成为主流发展趋势。国际化为创新活动的发展提供了广阔的空间，高端人才的国际流动集聚了人力资本，国际合作联盟的创建提供了运行平台，资本的国际流动成为强大推动力，国际市场的扩张推动产业结构转型升级。不仅如此，创新也是国际化的重要表现，创新能力和成果是衡量国际竞争力的重要指标。

在这样的背景之下，创新生态系统的国际化发展日益重要，主要表现在以下方面：(1) 参与主体的国际化。对于创新生态系统而言，要想适应国际化的发展趋势，需要对参与主体的国际化水平进行提升。然而国际化改造并不能一蹴而就，因而引进新兴的国际化主体就成为加速国际化发展进程的重要手段。以高校为例，既要敦促现有高校进行国际化改革，同时也可以引入外国教育机构或者开展国际合作办学，促进整个高等教育系统的国际化发展。(2) 区域环境的国际化。区域环境的国际化需要多方面的协同，包括国际化政策的制定、国际文化的传播、国际资本和基金的投入、国际化研究人才及团队的合作、国际合作平台的搭建等。在各种要素的综合作用之下，形成适合于创新生态系统的国际化发展环境。(3) 运行机制的国际化。在创新的整体过程中，不仅要有国际化的主体参与，也应当明确创新的最终目的是促进国际化发展，在创新的每个实施环节要彰显国际化特色，增强国际化的文化氛围，比如，理念创新上应当符合国际化的主流发展趋势，技术转化上借助国际合作平台和国际研发团队，产品制造上适用国际通用标准，推广和应用上针对国际需求拓展世界市场。

### （二）具体案例

1994 年 2 月 26 日，中国政府和新加坡政府正式签署《关于合作开发建设苏州工业园区的协议》，由此拉开了苏州工业园区开发建设的序幕。苏州工业园区连续多年名列“中国城市最具竞争力开发区”榜首，综合发展指数一直位居国家级开发区前列，打造了中国对外开放和国际合作的成功范例。

在中新两国政府共同推动下，苏州工业园区从创立初始就具有明显的国际化特色。在国际化引领下，苏州工业园区以出口型经济为主，建立起综合性的服务平台，为企业、高校等组织的发展提供了基础。具体来说，苏州工业园区创新生态系统主要包括三方面的国际化特色。

#### 1. 国际化的创新平台

(1) 科研院所搭建创新平台。

独墅湖科教创新区 2002 年启动时名称为苏州研究生城，之后改名为独墅湖高教区，2008 年又改名为独墅湖科教创新区。名称的不断改变，实质上反映出园区为推进产城互动而对区域功能定位的调整提升，通过搭建新平台、集聚新人才实现了发展新产业、建设新城市。独墅湖科教创新区引进国内外知名院校近 30 所，硕士研究生近 2 万人，苏州纳米科技协同创新中心入选全国首批“高等学校创新能力提升计划”，营造了围绕科研院所形成的一流创新平台；累计建成各类科技载体 380 多万平方米，技术服务平台 20 多个，国家级创新基地 20 多个，形成了国际科技园（见图 5－2）、创意产业园、中新生态科技城、苏州纳米城等创新集群；人才服务、技术研发、产业促进、科技服务、知识产权等创业创新政策日臻完善，尤其是科技金融不断加强，一批科技银行、科技保险机构、科技金融超市、融资租赁公司先后落户园区，国内首个“千人计划”创投中心暨东沙湖股权投资中心加快建设，管理资金规模超 600 亿元，国内规模最大的股权投资和创业投资母基金——国创母基金开始运作，园区被列为江苏省科技金融服务中心。园区搭建的创新平台形成了集聚效应，不断吸引人才、留住人才，为人才提供充分发挥才智的空间和舞台。

**图 5－2　苏州国际科技园五期**

（2）高科技企业带动创新发展。

园区集聚了 2 000 多家高科技企业，成为纳米技术、生物医药、网络通信、软件与动漫游戏等战略新兴产业的生力军。2014 年，园区 50 家重点科技型自主品牌企业销售收入增长近 30%，东微半导体研究成果在国际半导体界产生重大影响。在高科技企业建设中，园区重视对国际化项目的引进，通过国际化项目带动园区出口型经济的发展。截至 2013 年底，园区累计引进外资项目近 5 000 个，占全市开发区总量的近 1/3；累计实际利用外资近 200 亿美元，占全市总量的近 1/5；累计引进世界 500 强企业 91 家，投资项目 150 多个，拥有经省认定的跨国公司地区总部和功能性机构 27 家，占全市总数的近 1/2；全区投资上亿美元项目近 133 个，其中 10 亿美元大项目 7 个，首期投资 30 亿美元的三星高世代液晶面板项目竣工投产。2014 年，园区服务业实际利用外资占比达 46.7%，新兴产业和高技术项目实际利用外资占比 49.5%，分别高于全市平均水平 7.4 个百分点和 10.6 个百分点。

(3) 城市发展奠定创新基础。

园区按照“需求未到，基础设施先行”的开发原则和“先规划后建设，先地下后地上”的开发程序，累计投入基础设施建设资金超 800 亿元，约占全市国家级开发区投入总额的 1/4；累计建成道路 600 多公里，各类市政管网 3 300 公里，中新合作区实现“九通”；基础设施实现区域全面对接、全域覆盖。高水准功能载体展示“洋苏州”新形象：按照国际化城市的理念和标准，先后规划建设金鸡湖金融商贸区、独墅湖科教创新区和阳澄湖生态旅游度假区等重点板块，已成为展示“洋苏州”形象的重要窗口；中南中心、苏州中心等一大批地标建筑相继开工或建成；高层次商贸集聚塑造城市繁荣新亮点。此外，园区相继新建或改建 31 所基础教育学校和 34 所幼儿园，目前所有高中跻身省优质星级学校行列，小学、初中均建成市现代化学校，超过 60%的幼儿园成为省优质园，基础教育现代化、均等化水平居全省前列；相继新建和改建三级医院 1 所、公立二级医院 1 所、一级医院 6 所、社区卫生服务机构 46 所，儿童医院园区总院即将建成投用，医疗卫生服务水平和能力显著提高。

### 2. 国际化的产业体系

经过发展，园区初步形成了以高新技术产业为主导、战略性新兴产业为支柱、现代服务业为支撑的现代产业体系。首先是主导产业高新化。电子信息、精密机械制造已成为园区第一、第二大制造业支柱产业，并形成了集成电路、光电、航空及汽车零部件三大较为完善的高新技术产业链，IT 和 IC 产业产值约占全国总量的 3%和 15%，园区被授予国家电子信息产业基地和集成电路产业园。2014 年，园区实现以电子信息、精密机械制造为主体的高新技术产业产值2 500多亿元，自 2005 年以来占规模以上工业产值的比重连续 9 年保持在 60%以上，2013 年达 63.6%，高于全市平均水平 20.6 个百分点，远高于全国国家级经济技术开发区 43.8% (2010 年) 的平均水平。

其次是新兴产业规模化。2010 年至 2013 年，园区实现的战略性新兴产业产值由 1 472 亿元增加到 2 213.8 亿元，年均递增 14.6%，尤其是重点培育和发展的纳米技术应用、生物医疗和云计算三大产业分别实现产值 140 亿元、233 亿元和 140 亿元，同比增长 55.6%、29.4%和 38.8%，园区成为全国唯一的国家纳米技术创新及产业化基地。园区已成为全国首个服务外包示范基地、首个鼓励技术先进服务企业优惠试点区域、全国唯一服务贸易创新示范区、全国唯一国家商务旅游示范区和省商贸金融集聚示范区，并成功获批开展国家现代服务业综合试点、跨境电子商务试点，集聚的金融机构超过 500 家，经认定的各级总部项目达 70 家。

最后是国际化产业转化体系建立。独墅湖科教创新区自成立以来积极支持本地企业与进驻高校合作办学、共建专业，开展共建实验室、共同研发项目等各种形式的校企合作，区域每年开展校企科研、人才合作项目超 100 个。2012 年，园区高校科技成果转化企业苏大维格和南大光电上市，带动了一批高校企业新三板挂牌，高校成果在社会经济中的作用日益突显。2013 年，苏州纳米科技协同创新中心获批教育部、财政部首批 14 家协同创新基地以来，独墅湖科教创新区通过政策驱动，先后实施了校企协同工作站、校企导师互聘等各类项目，对 32 家优秀高校院所科研团队、24 个科研人员以及 33 个优秀企业家立项支持。截至 2014 年底，独墅湖科教创新区累计建成各类研发机构和平台 213 个，约占园区总数的 71%。在 213 个研发机构和平台中，高校院所占比超过 20%，虽没有企业面广量多，但具有“组建等级高、产业结合度高、开放共享度高”等特点。组建等级高，即各大创新平台大都具有市级以上甚至国家级的资质，如卢秉恒院士领衔的国家快速制造工程中心苏州分中心，将 3D 打印技术研发作为主要研究方向，在 43 个大创新平台中国家级平台 8 个、省部级平台 6 个、市级以上平台 29 个；产业结合度高，即布局涵盖了纳米技术、云计算、生物医药等相关新兴产业，如江苏省纳米器件重点实验室针对园区重点发展的纳米技术应用产业，主要研究方向为纳米器件的研发与应用；开放共享度高，即高校院所的大部分科研平台仪器设备加入园区科技公共服务平台体系，对园区企业开放共享，如纳米加工与分析平台对区内纳米相关企业的服务覆盖率均超其服务能力的 90%。

### 3. 国际化的创新主体

伴随着苏州工业园区转型升级的步伐和需求，园区建立了独墅湖科教创新区，形成了在高校的带领和牵引下产学研多方合作的区域经济发展共同体，注重政府改革、企业合作、高校发展之间的共存共生。例如，在与企业合作方面，独墅湖科教创新区自成立伊始就明确以适应区域发展需求的应用型人才培养作为区域人才培养的主要方向。在与政府合作方面，独墅湖科教创新区注重将区域高等教育改革的成果快速、直接地服务于本地社会经济发展，从而帮助地方政府在改革创新的发展浪潮中增添优势、抢占先机。

目前，独墅湖科教创新区已建立了一套以全日制学历教育为主，覆盖博士、硕士、本科、专科和高职的多层次人才培养体系，形成了立足高层次人才培养、立足国际化人才培养、立足产业紧缺人才培养的特色化人才培养模式，累计引进各类国内外高校 26 所，其中国内高校异地研究院 9 所、国外高校研究院 7 所、中外合作办学院校 4 所、本地综合性大学 1 所及职业院校 5 所。全区现有教职工 5 809 人，其中本地聘用 4 988 人，占比达 85.9%；海归高层次人才 1 339 人，占比达 23%；外籍教师 533 人。在校生规模达到 7.85 万人，其中主导产业专业在校生 5.9 万人，占在校生规模的 75.2%；国际学生 2 278 人；应届毕业生 12 554 人，本地就业率达到 40.7%。

在高校牵引下所形成的高教区多主体共同构成了苏州工业园区国际化发展的重要方面。首先，在国际化人才培养方面，高教区建立了国际型人才培养机制，西交利物浦大学、中国人民大学中法学院、东南大学-蒙纳士大学苏州联合研究生院等一批中外合作办学院校的建立，创造性地引入国际国内一流高校联合培养人才的新型模式，打破了原有培养国际型人才只能出国的局限，实现了教育本地化与视野国际化的有机结合，进一步提升了人才国际竞争力水平。

其次，在国际化人才引进方面，高校院所作为高学历人才集聚的重要载体，所拥有的教育和科研资源、设施、平台条件以及优越的政策环境也成为吸引和留住人才的重要保障。目前园区共拥有外国专家 1 000 多人、外籍人才近 6 000 人、海外归国人才 4 000 多人，成为国家级“海外高层次人才创新创业基地”。国际化人才的集聚为园区营造了一流的创新环境。2013 年园区引进中国医学科学院苏州系统医学研究所，吸引世界顶级系统生物学和转化医学专家，在重大疾病的机理研究、诊断和预防等方面展开开创性研究。同时，高校优越的科研环境和丰富的人才资源对区内的企业家和创业者也有着巨大的吸引力，目前，园区已评出企业家兼职教授 121 人。随着区域顶尖人才的不断积聚、标杆吸引作用突显，越来越多的专家学者将陆续加入独墅湖科教创新区高端人才团队建设，从而进一步优化区域人才结构。

综上，苏州工业园区从开发建设以来通过国际化的创新平台、国际化的产业体系、国际化的创新主体三方面的互动，提供了一个构建国际化创新生态系统的范例。对照前文所提出的创新生态系统模型，我们发现，园区的探索对于创新生态系统五个关键环节（创意理念、发明转化、商业模式、产品孵化、应用推广）都有所作为：(1) 园区发展所塑造的国际化创新平台为创新生态系统提供了基础，两国的合作机会、科研院所搭建的创新平台等都对创意理念的产生提供了有利条件。(2) 园区发展过程中所形成的国际化产业体系为创新生态系统的运行提供了有力支持，形成了在国际化产业带动下的有机生态系统，有益于改善创新过程中的商业模式、产品孵化、应用推广等关键环节。(3) 园区发展所形成的国际化创新主体的多元互动为创新生态系统的不断完善提供了重要保障，在科研院所带动下所形成的多主体合作创新平台（融合高校、政府、企业等）以及依托此平台建立起的国内外多元化人才聚集效应为创新生态系统中的创意理念、发明转化、应用推广等关键环节产生了重要影响。从苏州工业园区创建国际化创新生态系统的案例中，可以看到高等院校在国际化创新平台搭建方面的贡献，以及作为创新主体在引进国际优质资源方面的贡献①。

## 二、大学如何融入和贡献于区域创新生态系统

作为区域创新生态系统中的重要组成部分，如何融入系统中，真正和其他主体之间实现良性互动是大学应该重点考虑的问题。要解决这个问题，涉及大学在创新生态系统中的功能定位、大学如何促进创新生态系统的发展、大学与其他主体之间的关系以及大学需要的生存环境等问题，本节将重点讨论这些方面。

### （一）大学在区域创新生态系统中的价值：以苏州独墅湖科教创新区为例

2014 年，党中央、国务院批示设立苏南国家自主创新示范区，2015 年印发《关于苏州工业园区开展开放创新综合试验总体方案的批复》，苏州通过创新引

---

① 案例部分资料来源于苏州工业园区的内部发展报告。

领转型发展的总体布局已走向深入，创新将在苏州经济社会发展中发挥不可替代的作用。《中共苏州市委　苏州市人民政府关于全力打造苏南国家自主创新示范区核心区的意见》明确提出高点定位、统筹布局、发挥优势、深化改革、强化保障等目标，确定了“创新驱动发展引领区、深化科技体制改革试验区、区域创新一体化先行区”的战略定位，为苏州自主创新探索提供了整体部署。苏州在三个方面发力提升创新能力，通过建设独墅湖科教创新区把高等教育资源作为创新发展的重要基础。

#### 1. 基于大学的国际化创新资源构建区域国际化创新生态圈

苏州抓住紧邻上海的地位优势，积极引进外资，在过去几十年取得了巨大成功，建立了具有典型苏州特色的外向国际化经济模式，地区 GDP 和人均国民收入均处于全国大中城市水平。但随着近年来人力资源价格的上升和国际金融危机的冲击，苏州的外向型经济模式受到冲击，仅仅依靠产业链中间的低附加值加工出口的劳动密集型产业难以保证苏州经济的持续发展，转型升级成为打造苏州经济升级版的重要战略。

苏州经济转型升级的重要措施是提升创新对苏州经济发展的贡献，努力扩大苏州在国际产业链两端的竞争力。这就客观要求苏州扩大其在世界创新生态圈中的知名度和影响力，吸引国际创新生态圈群体关注苏州和入驻苏州。因此，苏州须突破传统产业升级的束缚，打通创新行业（高校、科研机构）和生产企业之间的隔阂，把创新的国际化作为转型升级的关键。尽管政府已投入巨资在纳米、生物科技等若干领域建成高端科研机构，但其国际竞争力和产业化水平仍有待提高。然而，如果能够依靠现有区域内的国际大学资源，则可快速补上这一短板。例如，西交利物浦大学作为国内首家强强联合的中外合作高校，其国际视野、国际平台和国际创新团队可为打造苏州经济升级版提供独特贡献。

西交利物浦大学创办十多年，按照国际知名大学标准在全球招聘了 700 余名专业教师，辅以近 400 名员工组成高水平、强有力的支持团队。西交利物浦大学已发展成拥有13 000名学生的国际知名大学，其中海外留学生 1 000 多名，研究生近千名；积极与政府和社会各界合作，建成 30 多个有特色和研究导向的优势学科，10 多个国际一流的研究所和中心，以及研究生院、西交利物浦大学国际商学院、领导与教育前沿院、技术转移中心、培训中心、一批校企合作研究机构等；国际一流专职师资将壮大至 800～900 人，其中外籍专家占 80%，非华裔外籍专家不少于 50%；另有 30 余万平方米教学科研用房和大量国际一流教学、科研设施。充分利用这些国际化的创新资源，可快速助力苏州打造国际化创新生态圈。

2. 利用大学的研究力量强化源头创新，打造国际化开放式研究创新平台

苏州及苏州工业园区着重强调企业自主创新和鼓励大众创业创新的重要性。自主创新涵盖从新发现、新发明和新技术到新产品、新工艺、新服务的创造和设计，再到新产品的生产、新服务的提供、原有产品和技术的改进、组织运行和社会发展的体制机制改革的全过程。在这个创新过程中，苏州的产品生产环节已经有坚实基础，但亟须强化其前端和后端环节，大力建设服务于全球范围内根本性创新、技术成果转化和生产管理创新的基础性和应用基础性研究基地，以形成自己的国际化创新“发动机”，提升整个创新体系。尽管成果可以引进，但针对当地产业和社会迫切需求的基础性和应用基础性研究则往往难寻或远水解不了近渴。故依托当地高校和科研院所，利用其国际网络和全球资源整合能力，建设一批有针对性、可支撑当地产业和社会发展的国际一流的开放式的研究院或卓越中心，强化其自主创新的核心阶段——源头创新，已成为苏州及苏州工业园区迫在眉睫的战略任务。

自主创新要真正转化为产业优势，贡献于地方经济社会发展，需要有完善的创业服务体系和配套机制，特别是创业孵化、风险投资和鼓励及支持创业的氛围与制度体系。尽管当前在国家“大众创业、万众创新”的号召下，国内成立了不少创客活动区，但这些区域如何真正激发全社会的创业热情而不仅仅停留在少数项目，如何让真正想创业的人能够得到有效的培训、支持和服务，仍然需要探索适当的创新服务机制。

针对源头创新和创业创新支持服务的挑战和问题，苏州可更好地利用区域内的国际化创新资源，特别是国际化大学和研究机构。例如，西交利物浦大学立足于融合大学、区域和产业的创业创新资源，打造聚焦地方产业发展战略的全生命周期创新平台与生态。西交利物浦大学拥有一支国际化的高层创新人才队伍、一个可整合世界科技资源和参与国际创新合作的网络、一批基本成形亟待扩大和释放能量的研究平台、一种已显端倪连接社会各界的创新生态。西交利物浦大学与苏州工业园区合作打造一批国际化开放式研究创新平台，以形成自主创新区核心区的国际创新群落。针对苏州外向型经济特征以及拥有大规模

国际企业和身处被誉为“世界经济发动机”的长三角的区位优势，利用新一轮创新促发展的机遇期，快速提升自身创新能力和国际影响力，使苏州真正拥有国际化创新“发动机”是首要的战略举措。

### 3. 大学智库可为开放创新试验区建设提供理论指导和经验总结

苏州作为国务院批准的全国唯一一个开放创新综合试验区，如何真正形成苏州模式非常重要。试验不只是为解决当下发展面临的问题，更重要的是探讨未来的发展方向、模式和从现在走向未来的可行道路及方案，并积累实践经验。所以，试验区应跳出目前自贸区、开发区等各类特区的模式，站在一个更高的角度面向中国未来社会展开试验，如文明社会建设、国际化社会、网络社会治理、绿色可持续发展、新型政府和社会服务保障体系、老龄化社会等，以形成发展理论的提炼、实践体系的总结、经验政策的萃取、文明社会的展示，对中国下一步发展和文明社会建设提供模式和经验，为中央决策提供可资借鉴的理论和实践模板，为其他地区提供可学习和效仿的榜样。

要进行有高度、有价值、有影响的试验，除目前园区已有的发展基础及精心的规划外，至少还需要从以下几个方面进行强有力的支持：

(1) 对国际社会和中国未来发展的前瞻远见，是试验区确立各类试验的理论基础和指南。

(2) 对可预期内社会发展的理论和实践方案进行更系统的设计。

(3) 对试验方案面临的问题和挑战进行深度分析和措施准备。

(4) 对试验进行跟踪研究和总结以及理论提炼与推广，如发布年度试验报告。

要达到上述目标，除政府、专家团队、高校科研院所等系统支持外，还要建立专业智库以集聚全球资源，有针对性地深入研究，长期持续关注，更重要的是独立、客观地形成有前瞻性、有高度、有价值但又不脱离现实的教育观念、模式、方案、建议等。故建立专业智库是试验区建设获得理论和专业支撑的有效途径。

大学可为专业智库建立提供支持，依托西交利物浦大学和区域大学及专家，但不依附于任何机构，形成独立的专业智库，借助西交利物浦大学、各类机构和企业的专家视野与专业研究，搭建成熟的专业研究团队，构建非营利、企业化运作的机构，以有国际视野、理论高度、深入实际、友好操作的智库方案和建议，提供独立评价和试验总结。运作方面，为了维持专业智库的独立性、客观性和公正性，政府可采用基金支持、购买服务和委托研究等方式获得服务。专业智库可在政府支持下设立基金会，以基金运作和捐助等方式保证日常运作，通过高质量完成委托任务和主动提供有价值服务获得研究资金。西交利物浦大学已于 2017 年在苏州工业园区的支持下成立了专业智库，发挥大学的智囊作用(见图 5－3)。

**图 5－3　西交利物浦大学执行校长席西民教授参与江苏省“十三五”规划专家咨询联席会**

### (二) 西交利物浦大学的创新生态系统和平台

西交利物浦大学自 2006 年成立以来始终把建设研究导向的高水平国际化大学作为办学宗旨，力图通过整合世界级科技创新资源打造国际化高层创新人才队伍，创造一个连接学校与社会、苏州与世界的创新生态圈。在十多年的办学过程中，西交利物浦大学在缺乏政府拨款、校园建设需要大量资金的情况下，始终坚持在科研基础设施及人才引进方面的巨额投入，在研究创新平台、技术转移、产学研结合方面取得了令人瞩目的成就。苏州打造苏南国家自主创新示范区核心区的战略举措，为西交利物浦大学推动苏州创新发展和转型升级的源头创新提供了历史契机，为西交利物浦大学在现有基础上与政府和在苏企业联合共建研究创新生态群落奠定了良好的基础。

西交利物浦大学研究创新生态系统建设本着“整合全球资源，服务地方经济社会发展”的理念，精心打造11个研究院、1个国际技术转移中心、1个国际创新港，以形成一个国际级的研究创新生态群落。该建设有助于依托西交利物浦大学网络，为苏州自主创新：(1) 打造国际化的开放平台，吸引国际专家短期或长期落户研究，争取国际机构支持与合作；(2) 建成区域性开放平台，吸引国内学者和企业界专家短期或长期落户研究，争取设立合作项目或企业研究基地；(3) 形成创新社区的核心网络，瞄准苏州优势产业和战略新兴产业，打通高校、科研院所和产业界甚至国界的隔阂，建立良好的基础设施、专业友好的服务环境、共享而又尊重个性的创新运行平台，让企业的创新需求有回应、创新资源和活动效益最大化，真正孕育并逐渐形成创新驱动、市场导向、企业为主体、政产学研全程融合的创新增长模式。

西交利物浦大学致力于打造的研究创新生态群落将着眼于园区以及苏州自主创新的核心阶段——源头创新，通过11个国际化的研究院不断创造新发现、新发明、新技术，利用国际技术转移中心打造高校和产业界的服务平台，从而实现新产品、新服务的快速向内引进和向外输出，打通源头创新到体制改革的全过程，提升整个创新体系。西交利物浦大学国际创新港将成为激励“大众创业、万众创新”的全要素、开放式的创新孵化器，通过引入线上线下创业创新大赛、创业创新基金、风投及创业资本，刺激和支持创新计划，孕育和帮助创新企业，推动创新技术市场化，构建集创新文化与精神营造、创新咨询、创业教育和培训、创新基金支持等于一体的众创平台，为苏州及苏州工业园区经济社会发展提供新动力。

### (三) 人工智能时代的大学教育探索：融合式教育模式

#### 1. 融合式教育的背景和重要性

(1) 中国经济社会发展的现实需要。

国务院发布的《中国制造2025》指出：新一轮科技革命和产业变革与我国加快转变经济发展方式形成历史性交汇，国际产业分工格局正在重塑。产业结构调整，知识获取更加便捷，人工智能将逐步取代大量传统职位。这意味着中国经济、科学和社会的发展需要大量面向实践的应用，需要拥有国际视野、跨文化领导力的综合人才。在这样一个大背景下，培养国际化高端应用型人才是未来中国经济社会发展的现实需要。

在这一新的背景下，国家开始推广新工科教育。新工科之“新”，在于提倡新的人才培养目标、新的人才培养路径以及新的教学理念和方法。在人才培养目标方面，要从过去注重知识与技能、基础理论和基础知识，转向能力与素养导向，注重对创业创新能力、解决问题能力、合作沟通能力、领导力等方面的培养；在人才培养路径方面，从当下细分的专业化精英和课堂制，转变为未来以通识教育、宽口径、大类培养、跨学科、产教融合以及真实场景的学习为特点的人才培养模式；在教学理念和方法方面，从当下以教师为中心，学生被动学习的方式，转向以学生为中心，学生自主学习的方式。

（2）培养未来人才的需要。

从幼儿园到大学，一个人真正成长、成熟起来需要十几年的时间。但十年前很少有人能想象到现在社会进步的程度使人才需求发生如此巨大的变化，所以，教育一定要有前瞻性，一定要瞄准未来的需求，思考什么样的人才在未来能够生存，因为教育是为未来培养人才的。

西交利物浦大学建立之初已经意识到，传统教育遇到了很大挑战，那么西交利物浦大学能否利用国际合作这个平台，创造出一种新型的适应未来社会需求的大学和教育模式呢？在西交利物浦大学，讲得最多的就是反思教育、重塑教学、再定义大学。学校一直努力把美国教育的灵活性、英国教育的质量保障体系和中国教育的重基础结合起来，再加上国际化和现代教育技术的运用，让西交利物浦大学能够适应国际化的趋势和未来的需求，培养出世界公民。

展望未来，这个世界会遇到很大挑战。目前受到国内外瞩目的就是人工智能。在这种情况下，未来的教育应该怎么办？如果我们想要站在人工智能和机器人的肩膀上，让它们服务于人类，就一定要有能够驾驭这些现代技术的人才，教育者必须去思考现行的教育体系能否培养出这样的人才。要回答这个问题，我们首先需要了解什么样的人才能够驾驭机器人？他们一定要有创造性、灵活性，擅于处理复杂性问题和人类情感关系。他们不仅要有专业造诣，而且要懂得人际关系、社会管理和创新，以及具备不同文化下的领导力，能够站在新技术的肩膀上进行整合，并具有统领新行业的才能。

然而，全世界目前以培养专业精英为目标的大学的培养模式很难培养出符合未来社会需求的这种人才。这对教育工作者来说是一次挑战，当然更是一次机遇。

西交利物浦大学已经清醒地意识到，学校已初步成功地形成了一种培养国际化专业精英的教育模式，但展望未来，还需要在专业精英体系继续深化和完善的基础上，培养出能够驾驭未来新行业的高度复合型的新人才。这种人才不是专业精英，而应是行业精英。所谓行业精英，就是他们既要有专业知识，又要有行业知识，还要有整合、创造以及管理和驾驭能力。

想象一下未来，可能有10%的人会成为专业精英，成为某个领域的专家，不断发现新知识、创造新技术。而另外约有20%的人会成为行业精英，利用新技术包括人工智能去开拓和领导新的行业，为人类创造更贴近人性的生活平台和服务环境。

西交利物浦大学已经开始探索在专业精英的培养模式之外，谋求发展出另一种致力于培养未来的行业精英的模式，称为融合式（融合型）教育。西交利物浦大学深知，领袖是很难培养的，但当我们培养了众多行业精英之后，谁又能确定他们中不会冒出一些业界领袖呢？所以，西交利物浦大学已经开始探索的融合式教育瞄准的是未来20%的人，亦即行业精英和业界领袖。

### 2. 融合式教育的核心要素

(1) 融合式教育的人才培养定位和目标。

我国自2014年提出通过创业创新（“大众创业、万众创新”）来推动经济转型，提出“中国制造2025”或“工业4.0”等战略，这些战略对大数据、机器人、人工智能的新兴产业相关人才有巨大需求，对创新型、复合型高端人才的培养提出新要求，探索“高端应用人才”的培养势在必行。区别于普通职业教育的专业技术人才（工人）培养定位，融合式教育培养的国际化高端应用人才是“具有国际视野、较高素养和深厚的专业基础、系统的行业知识以及务实的管理和领导训练，在行业内有较广适应性，能够驾驭中高端技术或管理岗位的精英”。

(2) 西交利物浦大学融合式教育的六大融合。

为实现上述培养目标，西交利物浦大学将提出融合式教育：1）在教育模式上，根据社会对高端应用人才的要求，将通识教育、专业教育、行业教育和管理教育有机融合；2）在组织模式上，将校园学习、企业实践、行业引领和社会发展深度融合；3）在学位设置上，将本科与硕士教育融合，大部分学生将完成从“半在职本科”学习到“在岗（职）硕士”研究全过程；4）在培养环节上，将学习、实习、研究、实践相融合，打造校园、企业、行业和产业高度融合的新型学习环境（教育基地）；5）在教学方式上，将西交利物浦大学全面倡导的以学生为中心、研究导向型的学习与实习和在岗训练相融合；6）在就业支持上，针对未来新兴的和有潜力的行业开设相关学院，并选择该行业中有领袖潜质的企业与学院合作，实现学习和实践融合、就业和继续深造融合，以及人才培养、研究和企业发展融合，不仅保证高端就业，而且通过促进企业强大来引领行业发展。

西交利物浦大学的融合式教育未来会有三种方式运行，其一是工业企业定制化教育；其二是在条件成熟时建立西交利物浦大学创业家学院；其三是与地方政府和企业合作，营造利于融合型精英培养的创新与创业社区。融合式教育对学生到底有什么好处呢？以工业企业定制化教育为例，假如你是西交利物浦大学今年的新生，你可以先选择电气与电子工程专业。然后，在大一的第一个暑假近 3 个月的时间里，你还可以选修定制教育的小学期。在这里，我们会同有发展潜力的行业中具有领袖潜质的企业合作，与来自企业的专业人士共同设计和开发与行业有关的课程。你在这个小学期里将了解到该行业的发展前景，实地体验和了解该行业所需的知识体系和能力素养。

通过第一个小学期的尝试，到第二年暑假的第二个小学期，你可以选择正式加入这个项目。这一阶段由学校和行业内的专家共同授课，你会加深对行业的认知，并有机会到企业现场实习和操练。

到第三年，你继续完成第三个小学期的学习，接受专业课程，到企业进行实地技能实践，对你继续完成电气与电子工程专业会有很大的帮助。这样，你既有了专业的训练，又具备了一定的行业知识和素养。

到了大四做毕业设计时，你有机会选择这个行业中的实际问题来研究，而不再是单纯完成一个教师安排的课题，而且还可以同时获得学校教师和行业专家两位导师的指导。如果你选择了一个很有潜力的项目，那么你的毕业设计很可能会大大裨益于你的职业发展。

当你大学毕业时，你有双向选择机会：可以继续走电子与电气工程师的道路，还可以选择去这个企业发展。因为经过对你 3 年的训练和观察，企业已经很了解你，你也很了解这个行业。如果你愿意到企业发展，企业也认可你，你便会得到一个比较重要的岗位和发展平台。

到这里还没结束，西交利物浦大学跟合作企业有一个共识，当你到了新岗位以后，企业会根据实际情况再把你送回学校进行 2 年的在岗硕士训练。它与一般的硕士研究生不一样，一般硕士的培养不具有针对性，在岗硕士是带着企业期望、岗位任务来进行具有针对性的学习深造，理论和实践会结合得十分紧密，自然你的成长和企业的发展均会从中受益。

经过这一整套学习和训练，当你硕士毕业时，你已经到达了事业发展的一个很高的层次，这时与你同时毕业的学生可能还在拿着简历到处找工作，而你已经是要不要录取他们的决策者。这样的人也会更容易成长为行业精英和业界领袖。

目前，国际上还没有这种系统化的模式，虽然不乏个别环节的尝试，比方说加强学生的行业实习，但仍旧是碎片化的。

西交利物浦大学试图用未来十年在已有的专业精英教育体系的基础上，同时开发出这种行业精英的融合式教育培养模式。如果能成功地实现这个目标，那么学校在未来人才的教育领域就会成为一个领导者。

#### 3. 融合式教育的结果

通过融合式教育的培养：（1）学生将具有一定专业基础上的更融合的行业知识，可在行业内不同专业间转换；（2）学校、企业、行业高度融合的训练会使他们具有很强的环境适应能力和实际操控能力；（3）贯穿于整个过程的管理和领导培养会造就他们较强的创业和管理才能；（4）西交利物浦大学国际化学习环境和师资团队会孕育他们的国际视野和跨文化的领导力；（5）从大二开始的融入实践的学习、研究和训练会使他们比同辈提早三四年进入职场；（6）他们融合的知识体系、综合的素养和能力以及国际视野和竞争力，会使他们相对容易成长为行业精英，甚至成为未来的业界领袖。

#### 4. 具体案例

作为西交利物浦大学融合式教育运作方式之一的工业企业定制化教育项目目前已经进入全面实施阶段。工业企业定制化教育项目的人才培养模式是一种新型的产教融合育人理念，这种模式建立在大学与工业企业联合培养人才基础之上。工业企业定制化教育项目的育人理念与西交利物浦大学的育人理念保持一致，全面倡导西交利物浦大学以学生为中心的育人理念、坚持研究导向型教学的教学实践，旨在培养出国际化融合型行业精英。

（1）专业设计。

工业企业定制化教育项目由四个主要部分组成。第一部分的学习内容主要包括大一、大二和大三的三个小学期的企业合作学习，需要学生亲自到合作企业参与和专业相关的项目是学习课程、体验和了解行业相关的知识与实践。第二部分是学校与合作企业共同提供行业专业课程，该部分的学习主要集中在大二和大三的暑期时间。第三部分主要涉及毕业论文和毕业设计，大四学生可以选择企业的实际问题作为毕业论文选题，并同时获得来自学术和行业领域导师的指导。第四部分包括对本科毕业生继续升学深造的考量，学生毕业后若被合作企业录用，可以选择参加 2 年的在岗硕士训练。目前该项目设置有金融、影视、城市化、企业发展和物流五个方向供学生选择（见表 5-1）。

**表 5-1　工业企业定制化教育专业设置**

| 方向 | 等级 0（大一） | 等级 1（大二） | 等级 2（大三） | 等级 3（大四） | 等级 4（研究生） |
| --- | --- | --- | --- | --- | --- |
| 金融 | 项目介绍<br>企业实地学习 | 战略规划与商业模式设计——金融行业发展 | 全球行业发展趋势——产业基准项目 | 结合企业机会和实践开展毕业设计 | 在岗研究生教育机会 |
| 影视 | 项目介绍<br>企业实地学习 | 战略规划与商业模式设计——影视行业发展 | 全球行业发展趋势——产业基准项目 | 结合企业机会和实践开展毕业设计 | 在岗研究生教育机会 |
| 城市化 | 项目介绍<br>企业实地学习 | 战略规划与商业模式设计——城市管理行业发展 | 全球行业发展趋势——产业基准项目 | 结合企业机会和实践开展毕业设计 | 在岗研究生教育机会 |
| 企业发展 | 项目介绍<br>企业实地学习 | 战略规划与商业模式设计——人力资源与财务资源管理 | 中国管理和领先企业组织——产业基准项目 | 结合企业机会和实践开展毕业设计 | 在岗研究生教育机会 |
| 物流 | 项目介绍<br>企业实地学习 | 物流基础——物流企业实践 | 供应链管理——物流管理系统与技术 | 结合企业机会和实践开展毕业设计 | 在岗研究生教育机会 |

（2）学习目标与学习流程。

工业企业定制化教育项目的学习过程分为三个阶段，每个学习阶段各有 4 周的学习时间。项目的课程设置严格遵循工业企业定制化教育项目的人才培养目标。在总目标的指导下，学校与合作企业共同为每一个学习阶段设立清晰明确的阶段性学习目标，并且根据目标采用相应的授课方式和授课内容。经过大一暑期等级 0 的学习之后，学生需要能够建立行业图景、构建所涉及行业的生态系统以及所处企业的商业模式。大二暑期等级 1 的课程会通过行业发展与企业战略方面的系统讨论，帮助学生把握行业发展大势，预测行业未来发展前景。在大三暑期等级 2 的最后学习阶段，学生需要深度参与企业项目，通过项目运作创造行业未来，引领行业发展。

在明确的学习目标的指导之下，工业企业定制化教育项目的专家团队根据项目特点和专业特性设计了丰富多彩的学习活动。考虑到大一新生的专业知识水平不够完善，等级 0 的学习主要采用小组讨论的方式授课。学生需要在第三周和第四周完成不同话题的作业，并且与其他学生形成学习小组，共同分析问题，探索解决问题的方案（见图 5－4）。

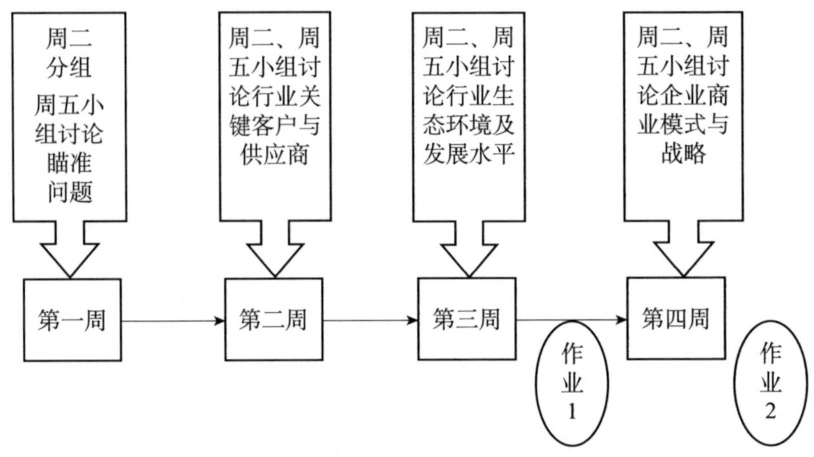


**图 5－4　工业企业定制化教育项目等级 0 学习流程**

在等级 1 的学习阶段，来自西交利物浦大学和企业的教师会在项目开始的前两天集中为学生讲授行业概述与企业家精神相关的课程。在开始后的第一周时间内，学生需要到企业参加企业教师 3 小时的现场授课，了解与企业行业相关的基本知识，之后学生需要参与小组讨论完成本周作业。接下来的三周学习，授课时间增加到每周 6 小时，由企业不同职能部门的高管为学生讲授和产业、市场、品牌、发展战略与运营模式等相关方面的知识，学生在这三周内也需要参加小组讨论，完成每周不同的作业（见图 5－5）。

（3）师资力量。

工业企业定制化教育项目的课程大纲是由西交利物浦大学的师资团队与工业界的专业人士共同制订的，课程设置严格遵守西交利物浦大学学术质量要求，同时教师的招聘与选拔也要遵循西交利物浦大学教师培养方案以及西

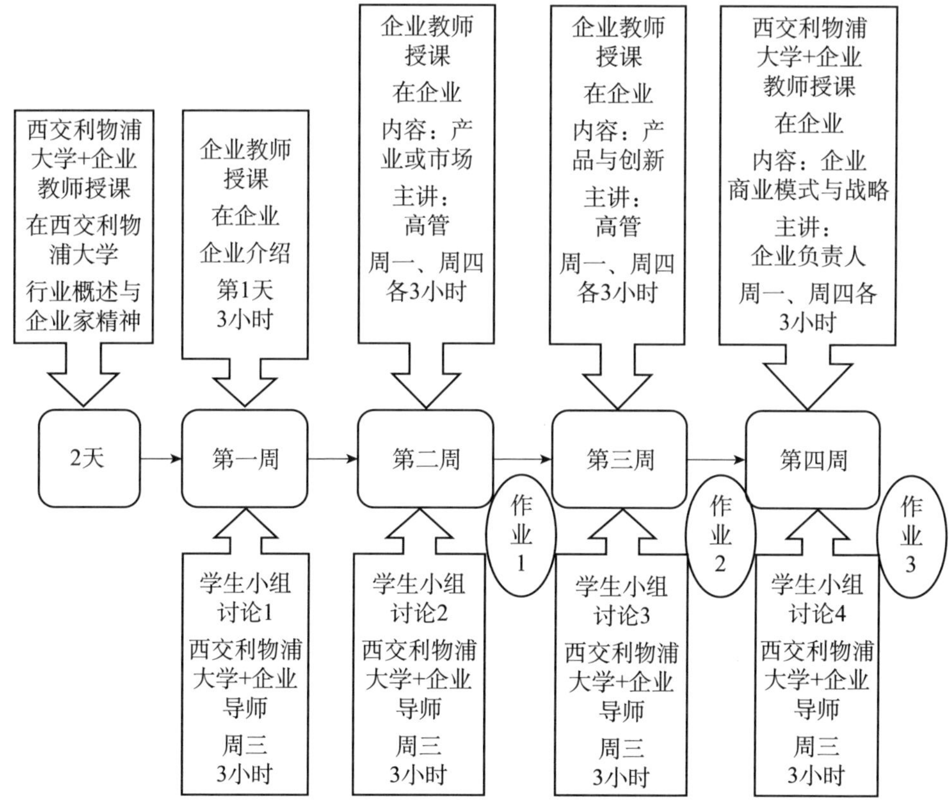


**图 5-5　工业企业定制化教育项目等级 1 学习流程**

交利物浦大学学术管理体系的基本流程和制度，工业企业定制化教育项目的课程全部采用英语作为授课语言。在合作企业的选拔方面，西交利物浦大学选择并采用了严格的标准，不仅选择了具有发展潜力的行业中的佼佼者，而且要求行业专家需要具备资深的行业背景和卓越的职业技能，能有效整合合作企业的资源和条件，组织开展培养方案中规定的相关企业或行业实践环节，帮助学生将理论学习和社会实践相结合。工业企业定制化教育项目目前一共有 6 家合作企业：金诚集团、苏州普利邦物流有限公司、上海企源科技股份有限公司、法国欧朗集团、总部位于硅谷的即连即用公司以及置信集团。

（4）成果。

2017 年有 34 位来自会计、数学、经管、建筑、城规等不同专业的大二学生报名参与了暑期定制项目，项目取得了圆满成功。学生在这样特殊的学习环境中接触了书本和课堂上无法学习到的实践经验和行业知识，能够更加有效地把理论知识与实际问题相结合，解决学习和工作中遇到的具体问题。2018 年暑期定制项目报名的学生超过 300 人。此外，该项目的推广和发展得到了各行各业的大力支持和认同，参与合作的企业数量也从 2017 年的 1 家发展为 6 家，说明企业有很高的积极性投入大学的人才培养中。未来这一项目还将努力和更多的企业建立合作关系，为学生提供更多元的选择空间。

# 第六章
# 中外合作办学对中国高等教育的影响

一、引进新的大学理念和模式：以学生为中心的大学体系

二、对中国高等教育改革实践的影响：如何帮助教师发展

三、研究导向型教学：以学生为中心的教学创新

目前，中国国内中外合作办学的独立院校和各类合作项目呈现出茁壮发展之势，吸引了学生、家长、政府部门以及社会各界的广泛关注。伴随着中外合作办学规模化的发展，这类院校和项目的知名度、信誉度和影响力也在不断地提升。目前国内已经成立了 9 所以独立法人资格成立的中外合作大学。根据外方合作单位地域的不同，可以将独立院校分为三类：中英合作院校、中美合作院校以及内地-香港合作院校。不同地区间的教育理念和教育政策的不同，导致了不同类型的中外合作大学之间的人才培养模式和教学管理制度等方面存在着较大差异，形成了各类院校独有的特性，进而为中国高等教育改革的理论和实践提供了不同角度的借鉴与参考。

第一类院校是在中方高校与英方高校的深度合作基础上共同建立的独立院校，主要包括西交利物浦大学和宁波诺丁汉大学。英国教育质量监控体系闻名于世，所有英国高等学府不仅遵循着极其严苛的教育质量监控体系，而且英国政府还专门成立了教育质量保障体系的监管机构——英国高等教育质量保障署，负责对全世界的英国学校进行教育质量监察，保证每所学校的质量评估标准和程序符合质量标准。这一类中的 2 所中外合作大学的所有专业均授予英方学校的学士学位，所以 2 所院校均要受到英国高等教育质量保障署每 6 年一次的现场评估。此外，2 所院校内部还专门设立了质量监控流程体系，保证学生在中国校园接受与在英国校园同等水平的高等教育。这种重质量、严标准、完整性、可靠性以及高度透明化的学术标准与课程体系，可对国内本科院校教学构建质量评估标准、改变教育质量认知、改革质量管理办法、改善管理流程等方面提供诸多启示。

第二类院校主要包括上海纽约大学、昆山杜克大学和温州肯恩大学。这三所院校实行在美国高等教育界盛行的通识教育体系。大一学生入学后不分专业，在大一、大二阶段学习涵盖不同学科的核心课程，大二结束前确定专业，将扎实的基础学习与深入的专业学习相结合，以培养宽广的知识面、有效的跨学科学习的能力以及培养学生的批判性思维能力和独立解决复杂问题的能力。目前，我国本科教育在人才培养方面缺乏两个关键性因素，一是缺乏跨学科的广度，二是缺乏批判性思维的培养。因此中美合作大学的实践，可为我国高等教育的内涵式发展和改革提供借鉴。

第三类院校主要包括北京师范大学-香港浸会大学联合国际学院以及香港中文大学（深圳）。香港的高等教育享誉世界，在各类型的排名中香港地区的大学都名列前茅。香港由于独特的地理位置、经济地位和历史原因，其教育受到了英国文化的影响，很多教育制度、教育模式都延续了英国高校教育的方式。同时，香港教育也受到内地教育的影响，形成了多元化的教育体系。香港高校采用了先进的教育理念，注重学生知识和能力的多元化培养，重视专业知识、学术知识，也重视学生对社会知识的掌握，培养学生的社会责任感。此外，香港的高等教育还非常注重学生精神素质和心理素质的培养，把学生培养成具有高尚情操、通情达理的有识之士。这种类型的高校对于国内高校融合中西方教育实践、形成自身发展特色提供了生动的实践案例。

受篇幅所限，本章无法就所有合作办学高校对国内高等教育改革的意义展开分析，仅以西交利物浦大学为深度案例，重点讨论中外合作办学对国内教育改革理念和改革实践方面的影响。

## 一、引进新的大学理念和模式：以学生为中心的大学体系

中外合作办学的初衷是引进国外先进的教育理念和资源，促进中国高等教育的改革发展。在探索过程中，中外合作办学确实给国内的教育系统引入了不一样的理念和模式，最为突出的就是以学生为中心的大学体系，即把学生的学习和成长作为大学办学以及所有部门和员工的核心目标。本节基于西交利物浦大学的深度案例来展示以学生为中心的大学体系的核心要素。

### （一）西交利物浦大学以学生为中心的大学体系特点

基于以学生为中心的教育哲学，西交利物浦大学建立的以学生为中心的育人体系主要包括三个部分——教育目标、教育策略和支持系统。教育目标是战略管理团队根据学生成长需求而设计的，目标是培养学生的素养、能力和知识。两个主要的教育策略即课内活动和课外活动，是由学术和学生事务部门设计实施的。支持系统则由服务办公室以及学术支持办公室共同制定和实施。

以学生为中心的大学体系有三个主要特点：（1）将大学使命对准学生成长需求；（2）部门结构是在一个以大学使命和教育目标为中心的网络化模式下设计的，将部门使命对准大学使命；（3）部门使命是通过有效的部门活动实现的。图 6-1 完整呈现了以学生为中心的大学体系。

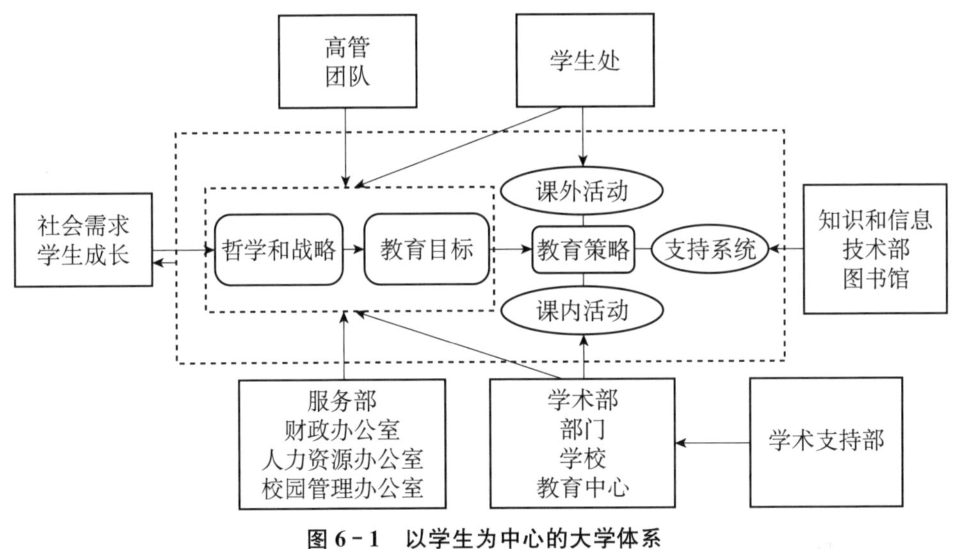


**图 6-1　以学生为中心的大学体系**

1. 将大学使命对准学生成长需求

当前，网络大学和在线课程的出现颠覆了传统大学的教学理念和方法。大学迫切需要根据学生成长需求，重新思考和调整自身的价值观、系统、功能以及教育模式。西交利物浦大学突出强调大学应该更多关注学生健康成长，特别是培养学生适应社会需求的能力。与中国大多数学校采取的以教师为中心、以研究为中心和以管理为中心的教育理念不同，西交利物浦大学采用的是以学生为中心的教育理念。

根据以学生为中心的教育理念，西交利物浦大学基于学生成长需求建立自己的愿景和使命。经过多年探索，西交利物浦大学在大学理想、管理结构和系统、管理理念和技术、开放校园和文化以及教育模式方面形成了自己的独特性，每个方面都遵从以学生为中心的教育理念，旨在帮助学生健康成长。西交利物浦大学通过帮助学生在大学期间完成三个转变来实现大学的愿景和使命：从孩子到成人再到世界公民的转变、从被动学习到主动学习再到研究导向型学习的转变、从盲目到兴趣导向再到人生规划的转变。

2. 将部门使命对准大学使命

大学使命必须以部门使命为支撑。西交利物浦大学通过战略目标管理等手段将确保所有部门使命与大学使命的协调一致，同时，部门使命与大学使命间的协调一致也反映了大学不同部门间的互动模式。大学使命是指一所大学教育目标的系统化阐释，因此要实现这一使命就应该将其分解成几个特定的使命，便于不同的部门从事相应工作。几个不同的部门共同服务于某个特定的大学使命很常见，因此这些部门间的交互对于实践大学使命来说至关重要。

#### 3. 通过部门活动支持部门使命

根据以上讨论，我们可以推测出大学使命是由部门使命支持的。部门使命是靠有效部门活动的实施实现的，因此部门活动就充当了整个以学生为中心的大学体系的基础。大学使命和部门使命最终将通过部门活动得以实践。

在传统的大学体系中，大学以及相关部门主要关注的是课内活动，而忽略了课外活动的重要性。比如，传统大学主要的注意力只是关注教学方法改革、课程设计等。与此不同的是，在西交利物浦大学以学生为中心的大学体系中，学生的成长不仅靠课内活动支持，也靠课外活动支持。该体系在培养学生知识时，重点关注两种活动的结合。特别指出的是，西交利物浦大学创造性地实施了大量能与课内活动实现高效合作的课外活动，例如学生事务办公室实施的领导力培训项目、学生入学和职业发展办公室实施的创业大赛和面试大赛等。

### （二）具体案例

在本部分中，我们将介绍三种最佳实践来阐释以学生为中心的育人体系中三个对应的关键环节。第一，五星育人模式案例，此案例主要阐释大学使命如何与学生成长需求相整合。第二，一站式学生服务中心案例，此案例主要阐释部门使命如何支持大学使命的实施。第三，真人图书馆案例，此案例主要阐释如何通过有效的部门活动实现部门使命。

#### 1. 如何将大学使命对准学生成长需求：五星育人模式案例

（1）五星育人模式对准学生成长需求。

西交利物浦大学提出的五星育人模式是以学生为中心的最佳实践。五星育人模式顺应世界趋势，整合中西方知识、文化和教育的精华，秉持“以学生发展为导向，以学习为中心”的教育理念。

五星育人模式包含六个关键词语，即五星育人模式的教育目标、素养体系、能力体系、知识体系、综合教育策略、支撑系统。其中核心是教育目标，目的是要培养学生成为世界公民。为达到教育目标，西交利物浦大学特别关注学生在三个体系方面的发展，包括素养体系、能力体系和知识体系。综合教育策略和支撑系统是为学生教育提供支持、实现教育目标的两个关键要求。

(2) 五星育人模式和学生成长需求间的相互作用。

五星育人模式的目标是要将学生培养成为具备国际竞争力的世界公民。一方面，学生必须不断适应飞速变化的外部环境（如知识经济、经济全球化、信息和通信革命），学生成长需求必须扎根于社会系统。也就是说，环境对学生成长需求的指导和约束塑造了五星育人模式。另一方面，五星育人模式响应了学生成长需求。该模式的三个不同维度用于培养学生的不同能力，每一个维度都与整个教育目标相协调一致。

基于五星育人模式，西交利物浦大学指出了学生发展的三个重要维度(素养体系、能力体系和知识体系)，这三个体系包含了全球化下学生成长所需的核心竞争力。素养体系的五个方面与学生成长需求的相互作用主要表现在两点，即多文化交互的世界观和道德原则，知识型经济的价值标准。能力体系的五个方面与学生成长需求的相互作用主要表现在三点，即全球化背景下的国际人才竞争、知识型经济下的创新能力和自学能力，以及信息时代的生存能力。知识体系的五个方面与学生成长需求的相互作用主要表现在两点，即学生应该熟悉国际规则和异国文化，熟悉在复杂多样和变化不定环境中的知识。

### 2. 如何将部门使命对准大学使命：一站式学生服务中心案例

(1) 一站式学生服务中心（简称一站式服务）的使命。

西交利物浦大学的一站式服务初建于 2008 年 9 月，概念来源于以学生为中心的服务文化，目的是要为学生提供最大化的便利，并在各个部门间建立无缝隙密切合作。一站式服务的发展可分为三个阶段：第一个阶段，一站式服务的角色、内涵以及服务模式得以阐明；第二个阶段，一站式服务的服务类别、意义以及程序逐步得以优化、加强和改善；第三个阶段，可视化一站式服务和虚拟一站式服务（线上）交互作用。通过整合服务和指导，一站式服务成为促进学生服务和大学运营相融合的催化剂。一站式服务要为学生提供优质服务，其涉及的服务包括咨询、校园事务以及其他相关事项。学生可以在此发现大多数的问题解决方案。图 6-2 描述了一站式服务在整个支撑系统中的定位。

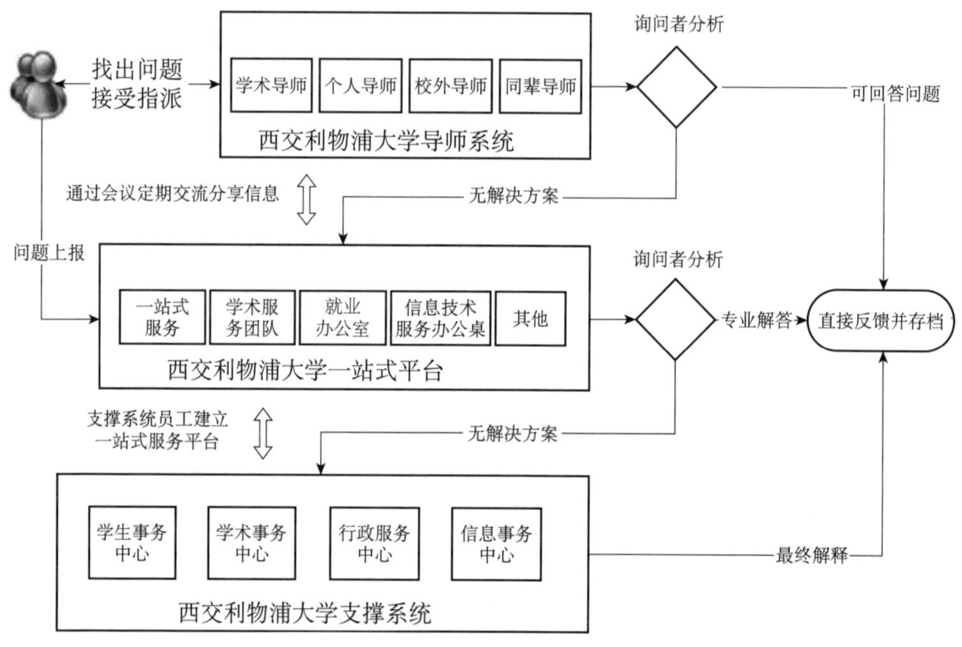


**图 6-2　一站式服务体系**

(2) 一站式服务如何支持西交利物浦大学的使命。

在西交利物浦大学，学生工作的哲学观是“运用大学的服务和指导实现学生自治”。大学将以服务为导向的文化和自主指导性学生工作的文化传播到整个校园，突出强调具有整合性、一致性、系统化的工作机制。一站式服务有效诠释了西交利物浦大学的学生工作文化：

从服务透明化的角度看，一站式服务向学生清楚地阐释了如何通过学生手册寻求相关帮助；从服务适当性的角度看，一站式服务分别为本科生、研究生、交换生以及海外留学生定制了个性化的服务；从与其他部门的关系角度看，一站式服务能够与校园外各部门达成有效合作，从而为学生提供稳定服务（见图 6-3）；从服务优化和质量角度看，一站式服务通过实地采访、调查问卷以及研究调查，搜集学生反馈，并依据趋势变化迅速做出调整，确保服务的及时优化；从平台整合的角度看，一站式服务通过整合学生记录系统，推动终端服务的实现，最终实现以学生为中心的目标，避免不利的服务文化和行为。一站式服务的真实体验增加了学生的满意度，丰富了服务导向型理论的内涵。

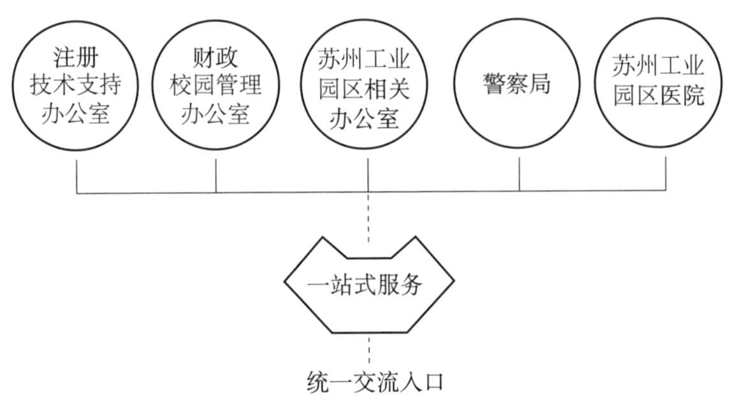


**图 6-3　一站式服务与校园外各部门合作**

此外，一站式服务的实践是在充分理解中西方文化的基础上展开的。西交利物浦大学将学生的角色定义为年轻的成人，致力于培养学生的独立性和责任感。一站式服务不仅关注、培养学生积极寻求帮助的意识，更关注服务中的指导，实现服务和指导的结合。这将促成一种自由、独立和多元化的校园文化，并为学生提供训练和培养自己的机会，从而实现西交利物浦大学培养世界公民的核心目标。

对于服务指导有这样一个典型案例：一位家长给一站式服务打电话，向物业管理办公室提出不满，称自己孩子宿舍的门损坏后没有得到及时修理。一站式服务人员对此进行了沟通，并建议学生自己来解决这一问题。该学生第二天来到一站式服务窗口，解释了事件的细节。一站式服务人员回应学生："我们当然可以代表你与物业管理办公室的人沟通，但是我们建议所有的学生在充分想好沟通目的、沟通逻辑以及沟通技巧后，自己去和物业管理办公室的人交谈。"第三天，该学生又一次来到一站式服务，告知问题已经妥善解决了。一站式服务的人员听到这个结果很开心，并询问该学生对这件事的感受。学生总结道：主动性非常重要，沟通也具有很大价值，而且在这个过程中抓住了自我提升的机会。最后，该学生与其他几位学生共同成立了学生宿舍委员会，专门搜集各种宿舍问题，与物业管理办公室建立交流联系机制，并最终在学生宿舍自我管理的建设中做出了贡献。

### 3. 如何通过部门活动支持部门使命：真人图书馆案例

(1) 真人图书馆活动。

自成立以来，西交利物浦大学图书馆就推出了一系列的真人图书馆活动(见图6-4)，每次活动都有一位特邀嘉宾进行演讲。更重要的是，学生有机会就他们自己感兴趣的话题与这位特邀嘉宾进行交流。这是西交利物浦大学图书馆的代表性活动，吸引了大量的学生参加。

通过为大学提供知识支持，西交利物浦大学图书馆在以学生为中心的大学体系中扮演了支持者的角色。图书馆充当着研究支持者和学习中心的角色，致力于完成为教职工和学生提供丰富资料和便利电子资源以支持他们的研究和学习的使命。

(2) 真人图书馆活动如何支持西交利物浦大学图书馆的使命。

在为学生提供知识支持方面，真人图书馆为学生提供了与特邀嘉宾面对面交流的机会，不同于传统上让学生以一种简单普通的方式参与到图书馆活动中，这种方式提供了一种书本无法达到的直接感知方式。当学生发现关于这本“活字典”的某一个有趣话题时，他们就更会有动力去深度挖掘，并最终鼓励他们去解决问题，从而获得新知识和解决问题的能力。这样一来，真人图书馆就是学生和“活字典”之间的桥梁，拥有沟通交流和相互理解的特点。该项活动能使双方同时获益。一方面，学生了解了图书馆，学习了新知识，提升了自身能力；另一方面，图书馆开放门户、倾听学生声音并最终以一种积极独特的方式提升自身的服务（自我提升机制）。在实践图书馆使命——支持学生的研究调查（紧密结合部门使命）方面，为学生提供图书馆收藏（利用部门资源）服务，并促进两者之间的融合从而形成了优势互补。

通过真人图书馆案例，我们可以得知部门使命是通过有效的部门活动来实现的，部门活动的有效性则表现在以下方面：1）与部门使命密切相关的清晰活动目标；2）鼓励学生参与其中；3）提升学生的特定能力；4）拥有自我改善机制，能够提高活动质量；5）在部门现有资源条件下，具有较强可操作性。部门活动的成功开展可以确保部门使命得以落地，并帮助部门在以学生为中心的大学体系中更好地发挥作用。

**图 6-4　西交利物浦大学图书馆举办的活动**

## 二、对中国高等教育改革实践的影响：如何帮助教师发展

### （一）教师专业发展与支持的重要性、现状及挑战

知识经济、经济全球化、信息和通信革命等新趋势已成为新时代影响大学发展的重要因素。这些趋势对大学的生存和发展产生了深刻影响，大学首先需要肩负起知识经济时代关乎人类生存和发展的诸多领域的知识创造工作，其次还要顺应科技革命对人类知识获取方式的影响，改变传统的知识传播方式并深入探索新时代对人才的新要求，调整自身的人才培养理念、价值观和模式。大学应如何通过主动的变革应对挑战，探索新时代符合社会发展的高等教育新模式是当前全世界的大学需要思考的话题。

自工业革命以来，全世界的大学教学模式都受到以教师为中心的灌输式教学模式的影响，中国大学的教学还传承了私塾教育的传统，更表现出知识传授的特征。显然，要在新的环境中培养具有国际视野、有竞争力的人才，让学生在大学四年除了知识积累外，在能力和素质层面也有实质性的提升，中国大学必须变以教师为中心的知识传授模式为以学生为中心的知识创造和能力培养模式。这个改变的关键就是任课教师授课能力的提升。

自1985年《中共中央关于教育体制改革的决定》发布以来，国家历次关于教育的重要文件均不同程度强调了建设一支强大的教师队伍的重要性。2010年发布的纲要提出要“大力提高高校教师教学水平、科研创新和社会服务能力”，2017年发布的《国家教育事业发展“十三五”规划》更是提出加强教师队伍建设，尤其需要加强教师专业发展的基本技能、教学能力、教育能力、教研能力与创新发展能力。此外，教育部在2016年发布的《关于深化高校教师考核评价制度改革的指导意见》中提出，在教师考核评价中增设教师专业发展考评指标，“落实每5年一周期的全员培训制度”，对教师专业发展提出了具体的指导意见。可见，国家在各个层面都十分重视对大学教师教学能力的培训和支持。

对大学教师的教学能力进行培训在实践中十分必要。尽管大多数大学教师本身拥有博士学位，但在教学方面几乎没有接受过任何系统的训练和指导，严重缺乏关于教学理念和方法等各方面的思考和训练。近年来，在教育部的要求指导下，国内高校大都建立了教师教学发展中心，希望能够通过转变教师教学理念、提升教学技能以及构建校本教师教学发展体系，促进高等教育质量的提升。从目前来看，要完成教育部每5年对所有师资进行一轮培训的要求，单纯依靠各高校自有的教师教学发展中心难度很大。

即使对于已经建立和持续运行的30多家国家级教师教学发展示范中心，其发展水平也参差不齐，不同程度地存在着以下问题：

### 1. 教师发展没有对准学生成长

受传统以教师为中心的理念和实践的影响，当前很多教师教学发展中心开展的活动，其主旨还是指导教师如何把灌输式教学做得更好，在理念层面没有把当下正在走入高等教育中心的以学生和学习为中心的观念纳入体系。早在1998年，联合国教科文组织在高等教育大会通过宣言中就已经提出，高等教育需要把学生及其需求作为关注的重点，需要从以学生为中心的新视角看待政策制定、课程与教学改革以及质量提升。教师的教学能力不仅体现在“教”的能力上，而且应该包括指导学生“学”的能力。在成立教师教学发展中心之前，国内高校一般由人事处或教务处组织教师技能培训或是教学竞赛。多数教师教学发展中心在成立之后也主要围绕以上两个方面开展工作，有限的培训和研讨活动大都注重对师德和具体教学方法与技术的分享探讨，很多时候是老教师的传帮带，理念上没有立足于关注学生的学习和成长，内容上也缺乏对如何通过系统的教学设计、师生互动和评估来引导和支持学生学习和成长，更重要的是缺乏专业化的支持教师专业发展的过程和平台，从而帮助他们真正改变传统的教学行为。

2. 培训内容缺乏深入的实践支撑

当前的教师培训难以体现从实践中来、最终服务于实践的原则。现有培训多邀请教育和课程研究方面的学者做理论报告，或者邀请资深的教师做经验分享，形式上主要是比较单一的讲座和报告。讲座和报告的内容也基本沿袭以教师为中心的理念，重在传授报告人的知识和经验，较少考虑教师在教学中的实际需求，以及梳理教师发展需要提升的认知、操作技能，然后基于需求来设计有针对性的解决方案。此外，现有的教师培训较少考虑和受训者自身的教学实践结合，导致很多教学培训很难最终落实到教师的实际教学中。同时，由于缺乏对教师教学实践的过程性支持，教师在将培训内容运用于实践的过程中所遇到问题也很难得到有力的支持。在实际操作过程中，学校缺少诸如此类的培训或研讨究竟能给教师专业发展带来什么样的影响或转变的反思和评估。这种自上而下的活动设计和重理论轻实践的安排忽视了教师的真正需要，导致教师的参与度以及对活动的评价和满意度并不理想。

3. 缺乏对教师教学的系统支持

当下的教师教学能力提升，不仅是教师自身能力的问题，还和教学在整个学校和高等教育界的受重视程度以及对教学改革创新的支持力度有关。尽管很多高校把提高教师教学技能作为质量提升和内涵建设的抓手，但在实际操作层面，“重科研、轻教学”依然是目前高校普遍存在的现象，现在大家都在关注的“双一流”建设依然把做大科研指标作为首要目标。这一导向导致认真教学的教师很难在大学层面得到认可和肯定，除极少数对教学有很大热情的教师放弃个人利益坚守教学外，绝大部分教师没有动力认真做教学，当然也不会花太多精力在教学培训活动中。除此之外，大学教师的很多创新性教学尝试也会受到很多固化的大学教学管理和支持体系的阻碍，例如很多教师尝试增加过程性考核、减少期末终结性考核的比例，但有些大学硬性要求期末考试占学生总成绩的比例不能低于 70%，导致教师探索的空间很小。再如现在大家都倡导课堂中师生互动和学生更多地参与讨论，但有些大学中由资深教师组成的督导组就会批评教师这样做就没有足够时间把所有知识点讲透，从而会制止这种师生互动。还有一些教师想尝试把新技术运用到教学中，无奈大学没有这方面的技术支持而无法尝试。这些问题表明，教师专业能力的提升要想真正让学生受惠、落实到课堂的改变，大学整体的教学理念以及对教学的支持体系要跟上。而要实现这些需求，也需要对大学管理者以及教学支持和辅助人员做培训，改变他们的理念。

在当前教师专业能力亟须提升，而现有的大学教师发展体系由于存在以上诸多问题很难为教师提供实质性帮助时，第三方的专业培训机构就成为解决这一问题的重要力量。西交利物浦大学领导与教育前沿院就是这样的公益性组织。领导与教育前沿院曾成功地为 300 多家国内高校的上千名管理者、任课教师和教学支持人员提供了深度的培训，参与者在参与专业化的培训后，自身及其所在机构的教师教学实践发生了明显的改变。

### （二）专业化、多层次、全过程的教师发展支持体系：西交利物浦大学领导与教育前沿院的实践

西交利物浦大学作为国内最早的中外合作大学之一，近年来在如何整合中西方教育资源和智慧，应对大学教育挑战方面做了一系列探索，形成了一套系统的以学生为中心的育人体系，在该体系中，大学所有教职工的工作重心都围绕学生展开，形成了独特的课内课外融合的人才培养策略。因此，如何通过课外活动与课堂教学形成互动，更好地支持学生的学习与发展，是西交利物浦大学一直在探索的问题。同时，学校也希望通过培训让参与单位和个体进一步加深对这个问题的思考，改变组织设计和个体行为。

领导与教育前沿院在中国高等教育改革不断深入及世界高等教育面临深刻变革的背景下，由西交利物浦大学与国家教育行政学院合作成立。作为西交利物浦大学的二级实体机构，其核心目标是基于西交利物浦大学的探索和实践，通过前沿的领导与教育研究以及教育领导力培训，推动中国高等教育改革和世界高等教育发展。领导与教育前沿院自 2013 年 5 月成立以来，逐步探索构建了一套专业化、多层次、覆盖教学全过程的教师教学能力提升体系（见图 6－5）。

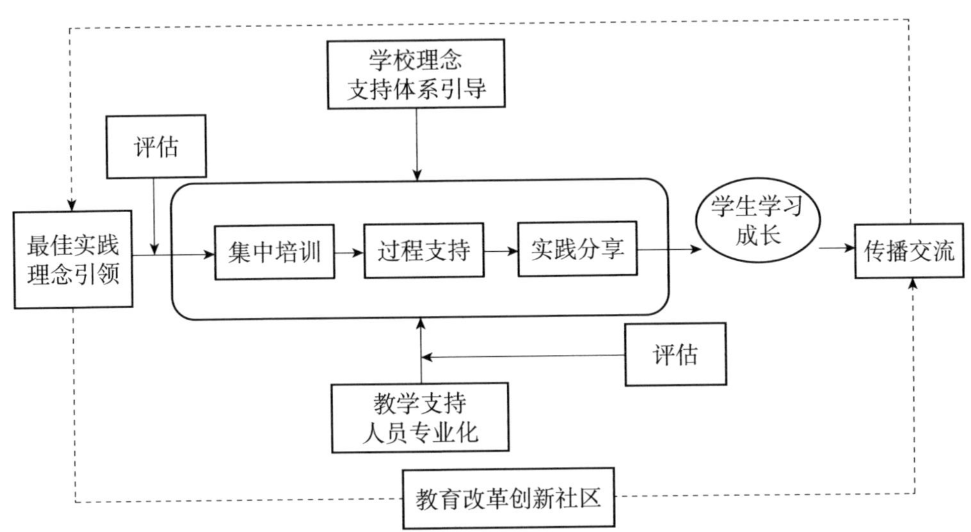


**图 6-5　领导与教育前沿院支持教师专业发展的系统体系**

在这套体系的支持下，领导与教育前沿院对高校任课教师的培训制定了以下目标：

(1) 对参与培训教师进行专业化、全方位的教学理念和能力评估，让参与者充分了解自身教学的长处与可改进之处。

(2) 培养教师对知识经济、经济全球化、信息和通信革命进程的思考和探索，促使教师在此背景下反思自身在教学中的角色和定位，并推动参与者从以教师为中心的传统知识传授型教学转变为以学生为中心的教学。

(3) 通过专题研讨，学习以学生为中心的研究导向型教学课程设计思路与流程，特别是根据社会对学生素养、能力和知识的需求，梳理与其匹配的课程模块并制定相应学习目标。

● 学习如何在教学过程中全程支持学生的学习，特别是如何进行师生互动、小组活动和引导学生的自主学习等技能。

● 加深对形成性评估和终结性评估的理解与应用，反思并完善教学反馈机制，从对课程教学的评估转变为对学习目标和效果的评估。

● 学习运用网络和信息技术构建虚拟学习环境，辅助课前准备、教学活动以及评估，增强师生互动。

● 支持和引导新教师接受现场培训后在新学期教学活动中开展和尝试研究导向型教学，为教师的创新提供全程支持，并构建交流讨论空间，帮助教师长期职业化成长。

这套体系的特色包括以下五个方面。

### 1. 把帮助学生学习和成长作为教师发展工作的终极目标

当前很多教师培训把研讨式、师生互动等作为重要的训练目标，但这些方法都是教师教学的手段而非目的。一些学校在教学改革中一刀切，要求所有学科所有教师都要做研究导向型教学，引发不少教师甚至是学生连连叫苦，原因在于并不是所有的教学都适合研讨，而判断是否适合的标准就是要看是否有利于教学目的的更好达成——是否能帮助学生的学习。因此，教师培训和发展尽管是对教师专业化能力的提升，但培训各方搞清楚这些能力服务的目标非常重要。领导与教育前沿院的教师培训的第一个环节就是帮助参与者充分理解教学的目标，讨论教师的“顾客”学生是如何学习的、他们的学习体验如何，很多时候会专门邀请有不同感受的学生现身说法分享他们的体验。在最后的满意度调查中，参与者对这个模块的满意度并不比其他模块低，而且有一些场景会给参与者留下长久深刻的印象。

### 2. 注重对教师教学实践的全过程提供支持

领导与教育前沿院的教师培训项目采用教师新学期教学前的集中培训、新学期教学过程中线上讨论以及学期教学结束后经验分享的过程性培训模式，力争为参与培训的教师提供全过程的教学改革支持，切实帮助参与者从传统的灌输式教学模式，向研究导向型教学模式转变，整个项目时间跨度为一学期（见表 6-1）。以领导与教育前沿院举办的高校教师研究导向型教学公开研修项目为例，一般每年举办两期，分别在每年的 1 月和 8 月。这样有利于参与者在参加完集中培训后在自己的新学期教学中做出新的尝试和探索。在需求分析阶段，主要了解参与者的教学现状和需求。在集中研修阶段，主要探讨什么是研究导向型教学以及教师的角色和教学理念，帮助参与者转变以教师为中心的传统知识传授型教学观念。集中研修阶段大量的时间都花在基于西交利物浦大学以及国内各高校各学科的教学创新实践案例分析与研讨上，与参与者基于具体的案例和课堂共同探讨研究导向型教学的方法与过程。

表 6-1　领导与教育前沿院教师培训项目主要阶段

<table>
<tr><th>阶段</th><th>主要话题</th><th>形式</th><th>时间跨度</th></tr>
<tr><td>需求分析</td><td>了解参与者的教学现状和需求</td><td>面对面访谈、在线问卷</td><td>3 周</td></tr>
<tr><td rowspan="3">集中研修</td><td>以学生为中心的育人理念和体系</td><td>专题讲座、学生经验分享、实地参观</td><td rowspan="3">3～5 天</td></tr>
<tr><td>教学活动如何引导和支持学生的自主学习（课程设计、教学过程、评估）</td><td>互动讨论、案例研究、课堂观摩</td></tr>
<tr><td>教育科技如何支持以学生为中心的教学模式</td><td>案例展示、互动讨论、现场观摩</td></tr>
<tr><td rowspan="2">行动学习</td><td>教学过程中的问题讨论和经验分享</td><td>线上工作坊、线上互动（微信群、网站社区等）</td><td>3 个月中举行 2 次集中讨论和全时段沟通</td></tr>
<tr><td>教学改革分享会</td><td>案例展示、互动讨论</td><td>1 天左右</td></tr>
</table>

在行动学习阶段，参与教师分别以自己讲授的一门课程为例，在实践中探索如何将研究导向型教学融入课程，并定期组织线上工作坊交流研讨。讨论的主题围绕研究导向型教学的课程设计、教学方法与过程、教学评价与反馈三个核心环节，教师通过对个人现有知识和经验的反思进行质疑型探究，给予和接纳小组成员的反馈，在解决实际问题中学习，促使从理论到实践的转化。在整个学习过程中，领导与教育前沿院有专人在全过程中为所有参与者提供支持，确保参与者的需求能及时得到回应。在实践总结分享环节，参与教师分享他们在新学期课程中的教学改革举措、取得的成效以及有待进一步探索的问题，同时邀请在研究导向型教学的运用上有丰富经验的教师参与点评和讨论，让参与者在分享中有所收获（见图 6-6）。

### 3. 对影响教师教学的学校教学理念和支持体系进行系统的引导与支持

高校的管理和教学支持人员在管理体系中起着支撑作用，承载着教学和行政事务的管理、支持、引导与协调的工作。目前高校的行政管理制度和方法基本上还是围绕知识传授这一目的来展开，沿袭了传统金字塔式的管理模式，工作重心在一定程度上偏离了教师教学和学生学习。为了让以学生为中心的教学实践能够顺利开展，领导与教育前沿院开发了旨在改变高校主管教学的领导者

**图 6-6 领导与教育前沿院研究导向型教学课堂**

和教学管理人员教学理念的领导力卓越计划项目和提升教学支持人员专业化水平的教学支持人员职业化培训项目。领导力卓越计划项目通过大学领导者之间的研讨和互动交流，首先从理念层面探讨中国高等教育改革“改什么”和“怎么改”的问题，树立以学生个体成长需求和社会发展对人才的需求为学校发展核心的理念。其次，通过案例研讨和行动学习，从理念、战略和具体做法等向参与高校展示新的组织和教育模式，并且通过导师指导和培训，提升高校领导团队管理变革能力和变革领导力，帮助这些学校转变办学行为。领导力卓越计划项目目前每年举办一次，取得了非常好的反馈，很多参与高校的教学改革都受到这一活动的影响。

教学支持人员职业化培训项目致力于帮助高校的教学辅助人员（主要是教务系统工作人员）从理念上反思当前以教师为中心的知识灌输传统在达成学生学习和成长目标中的问题，以及当前全球范围内探索的以学生为中心的新教学理念的内涵和优势。同时，通过深度的案例分析和实地调研，引导参与者思考在教师教学从以教师为中心转变为以学生为中心时，需要得到什么样的教学支持和辅助，作为教辅人员如何在日常工作目标、架构以及工作行为等方面做出调整，切实帮助参与者转变观念，提升职业化教学支持能力(见图 6-7)。

图 6－7　领导与教育前沿院研究导向型教学培训现场

4. 打造教学创新社区，构建教师共同体，推广和传播最佳实践

当前尽管很多高校成立了教师教学发展中心，但绝大多数只为本学校的教师提供支持，很难突破学校的界限。在这一背景下，领导与教育前沿院致力于打造一个高校教学创新社区，通过举办高等教育创新年会、教学创新研讨会、教学创新沙龙、西交利物浦大学全国大学教学创新大赛以及出版高校教学创新案例集等活动，打造一个教学创新学习社区，让教师能够有和同行讨论和分享教学创新的平台；鼓励开展教学创新，让倾心教学的教师能够切身感受到共同体的支持；同时对于有意愿提升教学水平的教师，能够为他们的教学持续创新提供足够的理念和方法支持。其中，教学创新大赛不仅能在全国范围内发掘优秀的教学创新实践，其设置的大众投票环节还能为教学创新吸引全社会的广泛关注，通过建立大赛网站公开所有参赛优秀作品也为传播教学创新提供了很好的平台。举办教学创新研讨会则在建立持续发挥作用的研讨平台的同时，还能让教学创新长期置于高校和教师的视野，营造教学创新的氛围。领导与教育前沿院还计划与高校教师教学发展中心合作举办教学创新沙龙，帮助这些教师教学发展中心逐步形成支持教学发展的能力，并让参与沙龙的教师在了解和运用

新的教学理念和方法方面有所收获。

5. 以评估促进教学改革相关利益者的理念和行为转变

通过以上分析可知，高校教师的教学专业提升要真正落到实处、让学生受惠，涉及学校内所有其他人员（包括领导者、教学管理者、教学辅助人员等）的系统支持，只有这些教师教学的相关利益者都朝着一个方向努力，教师的发展才能让学生受惠。但遗憾的是，笔者在和国内很多高校的学校领导、教务处人员交流中，只要一谈到以学生为中心，大家都认为自己的工作是以学生为中心的，尽管当前国内高校的以学生为中心理念在实践中还未见到雏形。可见当前首先要让各相关利益者认识到自身在支持教师发展并让学生受惠的过程中存在的问题。基于此，领导与教育前沿院开发了一套测评高校各个系统支持以学生为中心程度的评估体系，希望能够让各相关利益者通过自我评估清楚地认识到自身在支持教师发展落到实处、让学生受惠方面的优势和待改进之处。

评估体系分别从育人目标、课堂教学、课外活动、管理体系和学生成长五个维度，衡量一个大学支持学生学习和成长的程度和给学生带来的增值，进而反映这所学校的育人质量。育人目标重点评估学校的办学理念、育人模式、育人目标的清晰度和下沉到二级机构以及学生具体活动中的程度；课堂教学秉持建构主义的哲学立场，评估教学情境（环境）、教学活动支持学生学习和成长的程度；课外活动用于评估课外活动支持学生学习和成长的程度，特别是针对能力和素质等课堂很难给予学生的目标，评估课外的社团、实习等学生活动对学生的能力和素质的贡献度；管理体系主要评估学校的管理体系支撑课内活动和课外活动实现育人目标的程度，比如大学的架构是否有利于学生的社会化交流、是否有利于师生的交流等；学生成长评估学生在大学期间的学习结果和成长增值，如知识体系的完善程度、能力的提升度以及素质的发展水平等。评估体系的根本目的在于指出高校在支持学生学习和成长方面好的实践和待改进之处，并通过诊断式调查为高校提供改进的方向和建议[①]。

---

① 本节部分内容载于张晓军、席酉民、赵璐主编的《研究导向型教育》一书。

## 三、研究导向型教学：以学生为中心的教学创新

### （一）传统教学在互联网时代的弊端

谈到教学，备受诟病的是长期应试教育导致的以内容或知识为导向、被动填鸭式的教育。教师将一门课、一本教材内容归纳成很多知识点，教师讲知识点，学生记知识点；考试时教师划重点，学生背重点，学生考完高分忘知识点。尽管这种传统教学的弊端已遭受广泛的批评，但现实中依然普遍存在。其实，教学过程因认识、文化、发展阶段的不同有所不同，经过漫长的实践和演化，形成了现在我们统称的传统教学模式。罗辉在比较传统教学与研究导向型教学时指出，传统教学模式是指 19 世纪初以德国著名教育家和心理学家赫尔巴特为代表创立的以“教师、教材、课堂”为中心的教学模式，即教师是教学的权威，教学内容是系统的科学知识并组织为分科教材。其主要特点包括：（1）以知识的传授为主要教学目标；（2）以教师为中心的灌输式教学；（3）以应试为主要考核方式，导致学生只重视对已有知识的机械掌握，而缺乏批判性思维，弱于能力训练，丧失了探索兴趣和创新意识。

更严重的是，传统教学模式还面临着当代一系列颠覆性的技术如网络、移动技术以及基于这些技术发展出来的网络教育资源和随时随地廉价甚或免费的教育方式对它的挑战。从而使问题演变为如何在知识的海洋中找到有用和恰当的知识、如何有效整合这些知识以提升人们的生存能力。这种技术革命和时代变迁彻底改变了人们的学习行为，自然而然也挑战着传统教学模式。

### （二）新时代呼唤研究导向型教学：西交利物浦大学的探索

当前世界范围内的高等教育正在发生一场以学生和学习为中心的深刻变革，颠覆自工业革命以来盛行的教师主导、统一学习和知识导向的教育模式，转而建立一种以学生为中心、个性化、情境建构式的人才培养体系。

以学生为中心的教学不仅关注学生的专业知识学习，更强调提升学生成长中需要的学习能力，如解决问题的能力、团队合作能力、资料搜集能力等。要实现这一育人目标，必须改变知识灌输的教学方式，重新定位教师和学生的角色，让学生有更多的时间和空间进行自主学习，教师则成为学生学习的引导者和支持者。同时，还需要给学生提供机会进行团队合作，需要在

学习过程中给学生反馈以指导其进一步学习，而不是只在学习结束后进行评价。

我们提出采用研究导向型教学来实现这些目的。研究导向型教学包含研究导向的学和研究导向的教两个部分。研究导向的学是针对学生的学习而言的，指学生在有趣的现实问题的驱动下，通过教师的引导自主地搜索相关的资料和文献，通过团队合作和讨论，整合广泛的知识，为特定的问题提供解决方案的一种学习。这种学习方式认为即使对于人类已经得到解决方案的问题，教师也不一定要直接把解决方案告诉学生，而是从问题出发，引导学生通过自己的研究来找到答案，这个过程得到的不仅是知识，更是实现解决问题的能力和资料搜集与整合能力等以学生为中心的理念所倡导的教育目标。同时，以学生为中心的理念要求教师的教学也要采用研究导向，这包括教师在课程的设计、实施和考试评价等教学的全过程中采用完全不同于灌输式教学的理念和模式，例如，在课程设计中不仅要考虑学生的学习需求和课程本身如何提升学生专业知识以外的能力，还要考虑在多大程度上如何引导学生的学习、如何促进学生的团队合作以及如何帮助学生评价问题的解决方案等。

研究导向型教学的过程主要包括四个环节：通过来自现实和学生生活中的问题开启和引导学生的学习，根据不同的学生背景提供所需的学习资源并帮助学生寻找问题的答案，协助学生组成学习项目团队，通过合作来整合知识和寻找解决方案，反馈和评估学生的问题解决方案并提供改进思路。这四个环节分别对应和支持上面介绍的学生进行研究导向型学习的全过程。所以，研究导向型教学主要目的不在于教，而在于支持学生的研究导向型学习。

西交利物浦大学组织校内不同学科的任课教师组成课程改革研究小组（包括理科、工科、文科、社会科学等学科），结合自身课堂实践研究如何在不同学科、不同年级、不同班级规模等情境下实施研究导向型教学，已经初步形成了一批示范性的课程和一套行之有效的研究导向型教学理念和方法论，对于研究导向型教学应该如何设计、如何做好教学过程的支持以及如何评价等总结出了一套做法，目前正在向全校的教师推广。

### （三）向校外机构和教师的推广

#### 1. 举办形式多样的培训和研讨活动

教学改革团队不仅把总结的研究导向型教学成果推广到校内其他教师，还将向国内同行推广、促进当前的高等教育改革作为重要的使命和责任，截至2017年，已举办超过30期培训班，有来自国内200多所高校的近2 000名教师参与了这些活动。下面列举部分活动：

(1) 办学理念与育人体系活动。

2010.10.16—10.17 中国管理学院院长领导力论坛；

2011.04.22—04.24 管理学院院长卓越计划（第一期）；

2011.11.25—11.27 管理学院院长卓越计划（第二期）；

2012.10.15—10.17 管理学院院长卓越计划（第三期）；

2013.12.20—12.22 高教改革论坛暨领导力卓越计划（第四期）；

2014.11.07—11.09 高教改革论坛暨领导力卓越计划（第五期）；

2015.10.29—10.31 教育领导力卓越计划（第六期）；

2016.11.01—11.04 教育领导力卓越计划（第七期）；

2015.07.21—07.23 新乡医学院三全学院教育领导力研讨班；

2016.03.30—04.01 北京工业大学耿丹学院中层管理者西交利物浦大学研修班。

(2) 面向教学人员的相关活动。

2014.10.20—10.24 湖南大学青年教师培训项目；

2015.01.31—02.01 双语教学师资培训会议；

2015.04.25—04.26、2015.05.09—05.10 嘉兴学院数理与信息工程学院任课教师培训；

2015.05.11　05.15 湖南大学“研讨式教学”教学专题高级研修班；

2015.05.29—05.31 上海金融学院工商管理学院任课教师培训；

2015.07.14—07.15 嘉兴学院商学院任课教师培训；

2015.08.25—08.27 南京信息工程大学雷丁学院教学研修班；

2016.01.19—01.21 高校研讨式教学主题研修班；

2016.03.07—05.21 教学创新大赛；

2016.03.18—03.20 江苏大学管理学院教师发展项目；

2016.07.19—2016.07.22 北京工业大学耿丹学院教师研修；

2016.08.23—2017.01.13 高校研讨式教学主题研修班（第二期）；

2017.08.24—2017.08.26 高校研究导向型教学研修班（第三期）。

(3) 面向教学支持人员的相关活动。

2014.08.18—08.22 苏州大学音乐学院行政员工培训；

2014.12.12—12.13 嘉兴学院数理与信息工程学院行政员工培训；

2015.05.22—05.24 嘉兴学院生物与化学工程学院教学行政培训；

2016.12.02 中国药科大学教学支持与服务国际化研修项目；

2016.12.26 西交利物浦大学教育论坛“互联网时代的教学创新”；

2017.03.31—04.01 高校教学管理人员主题研修班。

2. 实际效果

(1) 在认知上帮助教师改变观念。

对于短期集中培训，最明显的效果在于给参与者带来认知上的冲击和反思。例如，国内某高校骨干教师参与一次定制培训后说：“通过这次任课教师培训，我学习到了许多教育理念和方法。首先我在理念上有了许多转变，系统了解了以学生为中心的理念和育人模式，同时针对教师在课堂上如何做到以学生为中心，也与同行从课程设计、学生互动和学生学习评价考核各个教学环节进行了深度的讨论和思考。”要改变当下传统的灌输式教学，首先需要让教师认识到这种教学模式已经不再适用于这个时代，因此，认知上的反思是行动改变的前提。

(2) 在行为上促进教师进行改变。

基于主题的培训和研修活动对促进教师改变传统的灌输式教学模式有着积极的作用，并且这种影响辐射到了不同类型的学校，可以有效提升人文社科、工科甚至是普遍认为很难做出改变的理科的教学质量。在举办的近 20 期教学培训项目中，近千名参与者给予了很高的评价，来自湖南大学、北京化工大学、吉林大学的教师十分认可活动的价值，多次选派教师参加相关活动。在 2016 年 12 月 17 日举办的第二期高教研讨式教学研修班结业典礼上，有多名参与教师分享了他们参加培训以来的改变。来自北京化工大学的薛长礼教授首次将研究导向型教学方法应用到“劳动法和社会保障法”课堂上，将平时的课堂讲授转变为开展实践项目，让学生组成小组创办公司，在模拟公司实际治理和运营的过程中学习劳动法的内容。来自吉林大学的马燕华教师在自己教授的“运筹学”课程中改革了课堂教学模式，更加注重实际案例的引入和分析，增加了课后团队作业的考核比例，调动学生参与的积极性和培养团队合作的能力。北京化工大学江新华教师在自己的数学课上尝试以一个真实情景中的问题出发，让学生自己利用数学建模来理解概念和公式，并使用社交网络平台与学生加强互动，及时解答他们在专业上的问题。

(3) 营造注重教学、鼓励教学创新的氛围。

领导与教育前沿院定期举办的教育教学创新领域的会议、论坛、教学创新大赛等，为高等教育领域对教学改革和创新感兴趣、有想法、肯实践的从业者提供了沟通、学习与成长的平台。以 2016 年起举办的全国大学教学创新大赛为例，尽管从发布大赛公告到选手参赛仅有一个多月的时间，大赛仍然吸引了来自华东理工大学、中国石油大学（华东）、西南交通大学、西安交通大学以及西交利物浦大学等 23 所全国高等院校的 60 位一线教师代表及教学团队报名，快速地聚集了一批高校中热衷教学并有良好实践的教师。在大众网络评选环节，短短 20 天内大赛网站共有 756.1 万人次浏览点击，共有 14 万人次参与投票，成功地营造了全社会关注大学的教学创新并参与其中的氛围。在 2016 年 5 月 20 日的高等教育创新年会上，首届西交利物浦大学全国大学教学创新大赛决赛举办，5 位候选人在决赛中展示了各自在教学中以学生为中心的创新实践，来自全国近百所大学的 200 多人观摩了年度获奖者的创新展示，以及所有参赛者的创新海报展览，使好的实践迅速传播。基于教学创新大赛的优秀创新案例还被编辑成教学创新案例集，每年出版一本案例集著作，成为各高校教师教学发展中心师资培训的参考资料。

再如以分享大学教学最新、最前沿理念为目标的西交利物浦大学教育论坛，每季度举办一次。2016 年 12 月 16 日的论坛以“互联网时代的大学教学创新”为主题，邀请来自美国、国内知名高校的大学校长、教师教学发展中心负责人以及在教学创新方面有丰富经验的教师探讨这个时代的学生如何学习、大学该如何通过教学支持学生学习的话题。来自国内和国际高校的管理者、资深教师以及教务处和教师教学发展中心的近百名教师参会，会上分享的研究导向型教学、教学改革如何对准学生学习和成长、大学数学教学如何帮助学生转变学习方式等话题得到了与会者的积极回应。这种针对具体话题聚集大学各相关利益者对话的机制对促进教学改革的顺利开展有非常重要的作用，能很好地帮助不同相关利益者就教学改革的方向和具体行动达成共识。

### （四）具体案例

山西师范大学作为西部地区的一所地方师范类院校，在 2016 年开启了系统性的课堂教学改革，为了更好地激发教师的改革创新积极性和能力，山西师范大学 2017 年先后选派两批近百名骨干教师到西交利物浦大学进行培训，并组织所有中层以上干部到西交利物浦大学进行干部培训，确保为教师的教学改革做好支持保障工作。

2017 年 8 月，领导与教育前沿院对 54 名来自山西师范大学的任课教师及教学管理人员进行了为期 3 个月共 3 个阶段的集中研修。该项目围绕如何进行以学生为中心的互动式教学为核心主题展开，通过启发式讲座、专题研讨、互动交流、课堂观摩等以实践为基础的模式，帮助参与者将自我角色定位从传统以教师为中心模式下的课堂控制者转变为以学生为中心模式下的学习引导者和支持者，并探讨如何从学生的实际发展需要出发，提升参与者在新时代和新环境下的教学水平。

#### 1. 学习目标

在和山西师范大学深入的探讨和沟通，并且基于相关调研，了解了山西师范大学具体的培训需求和学习目的之后，领导与教育前沿院制订了包含三个阶段的培训计划和每个阶段需要达成的学习目标。

(1) 促使大学教师改变教学观念。

在项目第一阶段，为了解山西师范大学任课教师对于自身教学实践的认知，帮助他们改变传统教学观念，培训首先采用在线问卷的形式对学员进行教学能力评估，了解参与者对学校人才培养目标的理解，对以学生为中心的教学理念的理解，对教学技能的现状、个人层面所面临的方法和技能的困惑与挑战等信息，以及组织层面需要提供哪些支持与帮助，从而促进以学生为中心的教学理念转化为具体的实践。最后整合评估的结果，制定并确认最终项目设计方案和集中研修日程安排。

(2) 帮助大学教师改变教学方式。

通过第一阶段的问卷调查和实地调研工作，领导与教育前沿院的课程研发团队已经充分了解山西师范大学任课教师对自身教学方法的认知，以及需要观念转变和教学技能提升的重要方面。为解决大学教师缺乏创新理念和创新技术匮乏的问题，第二阶段的集中培训围绕以学生为中心的学与教采用启发式讲座、专题研讨、座谈等以实践为基础的教学方式展示与实践，启发参与者思考如何设计和实施以学生为中心的教学模式，促进在此背景下改进课堂教学模式，并在过程中注重师生互动，激发学生学习主动性，推动参与院校的教学改革。为了达成这些目标，领导与教育前沿院的课程研发团队为山西师范大学的教师定制了符合其自身需求的培训项目。培训项目包括四个模块的内容，主要是加强学员教师对以学生为中心的育人理念和研究导向型教学的认知，并且通过一系列的关于研究导向型教学的实践活动帮助学员把理论知识应用于实际课堂教学，真正使其自身的教学质量实现质的飞跃。山西师范大学定制培训项目四个模块的具体内容如下：

## 模块一：以学生为中心的育人理念和体系

**1. 主题：以学生为中心的人才培养模式的理念与实践**

培养对知识经济、经济全球化、信息和通信革命进程的思考和探索，促使教师在此背景下反思教学中教师的角色和教学理念，并帮助参与者从以教师为中心的传统知识传授者转变为以学生为中心的学习支持者。

形式：专题讲座、专题研讨。

**2. 主题：学生学习成长体验分享**

从学生视角分享课内课外融合的育人策略如何支持学生完成从孩子到成年人再到世界公民、从被动学习到主动学习再到研究导向型学习、从盲目到兴趣导向再到人生规划的转变。

形式：专题研讨、互动交流。

## 模块二：研究导向型教学的课程设计和实施

**3. 主题：以学生为中心的课程建设和质量保障**

分享教学课程建设的目标和质量管理，以西交利物浦大学为例，从专业、模块、大纲到教学安排和考核等五个维度分享课程目标管理和质量控制的具体流程和内在逻辑。

形式：专题讲座、互动交流。

**4. 主题：以学生为中心的教学课程的载体设计**

介绍研究导向型教学中对载体的设计和运用，通过对比展示如何在不同的学科中运用同一个载体去实现不同的教学目标。

形式：工作坊。

**5. 主题：以学生为中心的教学课程案例分享**

分享研究导向型教学课程设计的思路与流程，从理念、方法、实践案例三个层次介绍以学生为中心的课程设计的特点以及在不同学科中的运用，并与参与者互动探讨课程设计中的关键问题。

形式：案例分享、互动交流。

## 模块三：研究导向型教学的学习环境支持

**6. 主题：适应未来教学的学习环境**

通过分享促进学生展开研究导向型学习的空间设计和布局的案例，探讨学习环境对于提高教学质量的重要作用和意义。同时以西交利物浦大学为例，探讨能够适应未来教学模式的物理学习环境。

形式：工作坊。

**7. 主题：教育科技如何支持以学生为中心的教学模式**

分享教育科技如何构建虚拟学习环境，辅助和管理课前准备、课堂教学活动以及教学评估。

形式：工作坊。

## 模块四：行动学习

**8. 主题：以学生为中心的教学课程设计**

通过采用研究导向型教学的课程设计、过程互动以及评估方法和策略，开展主题式的同学科和跨学科的课程设计活动。

形式：工作坊。

**9. 主题：总结并制订行动计划**

分组讨论并总结什么是以学生为中心？以培养学生能力为目标的课程设计思路是什么？课堂教学活动如何引导和支持学生自主学习？如何设计并实施过程性评估？

形式：反思与总结。

**10. 主题：行动学习**

通过组织行动学习小组，组织线上活动讨论每位参与者参训后新学期实际教学中课程设计思路、教学过程与环节、课程评价与评估的棘手问题，分享优秀经验，切实帮助参与者改变自身教学行为。

(3) 帮助大学教师巩固改革成效。

教学方式的变化并非朝夕，需要教师在长期的探索和实践中不断发展与完善。第三阶段主要是为了巩固学习成果，为学员教师的教学创新实践提供长期的支持和指导。培训项目组集中在研修后半年以内，配合参与院校教学和工作运行时间节点，组织行动学习小组，分别探讨关于课程设计、教学实践、教学评估方面实际遇到的难点与问题，从已有的知识、个人的经验、小组其他成员的经验以及在解决问题的过程中学习，切实帮助参与者巩固学习成果，促进行为转变，此阶段结束后将提供项目总结报告及发现的问题与建议。

2. 培训结果与影响

虽然对山西师范大学的培训已经结束，但是此次研修培训对参与者的影响还在持续性地扩展，并且会一直持续下去。

通过后续的调查回访，我们发现以学生为中心的育人理念已经深深扎根在学员教师的观念当中，激发教师通过自我反思打破固有思维模式，重新定义什么是教学、教学改革和教学创新，在不断的思考中认知到自己的不足之处，通过自我学习和实践探索不断提升教学技能。

通过系统学习研究导向型教学的观念和操作方法，学员教师意识到专业课授课需要与教育学的理论相结合才能更好地帮助学生学习。在采访中，一位学员教师说道：

> 教授历史课首先要回答历史学科的基本问题，可是历史教育又涉及教育，所以又要回答教育的基本问题，所以在教授历史课的时候要把历史知识和教育知识结合起来，这也是我受到培训启发、写这篇文章的背景。首先，我看了很多教育和心理学包括哲学方面的书籍，以及与教学认知、哲学要素等教学过程相关的教育理论的书籍……
>
> 有些人认为教学就是提前设计好课堂问题然后引导学生回答，在这种预先设计好的课堂上，教师需要把学生引导到这样一个圈子里来教授知识。那么有没有另外一种课堂方式，它不是预先设计好的，而是由学生提出问题，鼓励学生去寻找答案？这两种方式需要同时进行……历史学的本质是仁者见仁，智者见智，当教师在面对同样的材料和其他人的解释的时候，教师会通过自己的理解回答历史问题，这其实是教师自己研究的一个过程，那么以这种方式给学生上课其实就是告诉他们你自己研究的一个过程和方法，是把教师自己的学习方法告诉了学生，这种传统教学的讲授法对学生是有一定效果的。然而现在课程改革的要求是学生不能仅仅局限在教师讲授的知识，我们需要学生自己学到知识。这样的课堂应该如何处理呢？教

> 师和学生在阅读相同的材料之后，教师不需要先把自己的问题提出来，而是以自己提问的思路去引导学生提问……如果学生提不出来问题或者提出来的问题不是很重要，教师就要指导学生提问的思路，这个思路来自教师，但是这个思路导致的结果并不是教师能够控制的，这也是很有挑战的地方……所以我在准备的时候，我要重新思考我是怎么提问的、这个提问的思路是什么、我是怎么产生这个问题的。如果能把产生问题的过程总结出来然后用这个思路去问学生，如果学生也能提出和教师同样的问题的话，这也是学生学习的重要收获，这种收获并不是教师告诉他们的……

有些教师在培训结束后从自己的小课堂开始逐步做出改变，纷纷加入教学改革的实践。例如一位来自山西师范大学历史系的学员教师，在参加本次培训后受到了启发，他更好地理解了以学生为中心的育人理念，并且掌握了研究导向型教学的课堂教学模式的设计和授课方式，对于历史史实知识的传授由传统教师授课方式转变为教师布置作业，引导学生自己阅读资料、查阅文献的方式去分析问题和解决问题。此外，该教师还充分利用教务处对于学生期末考核方式即“平时成绩占到40％、期末成绩占到60％”的规定，突破思维束缚，以此鼓励学生积极完成平时布置的作业，并且把拓宽思维的题型应用于期末考试，激发学生努力思考。在不断努力和尝试之后，该教师通过对自我认知和若干年教学实践的反思与总结，不仅在实践上完善了历史课大课堂由传统教学方式到研究导向型教学方式的转变，因材施教帮助学生更好地学习，并且把学习心得和自我反思整理后发表了课堂教学实践心得的学术文章，真正实现了理念与实践的双重转化。另一位来自历史系的学员教师在参与培训后重新认识了历史课以“知识生成性”为主的理念，并认为历史授课更应该关注学生在问题意识、历史思维和家国情怀等方面的成长，真正把以学生为中心的育人理念落到实处。

# 第七章
# 教育国际合作的借鉴与展望

一、中外合作办学带来学生跨国流动新模式

二、中外合作办学对多元教育文化和模式的整合

三、成功的国际合作五星模式

四、为高等教育打开通向未来之门

中外合作办学作为一种教育国际化的高端形式，不仅是一种传统意义上的教育国际化模式，更是对当前以学生流动为核心关注点的高等教育国际化的突破。中外合作办学模式（如通过“2+2”“3+1”等项目模式）除了实现学生更大规模的流动，还实现了学位的跨国授予，有很多学生不出国就可以通过中外合作办学获得国外知名大学的学位，本章主要讨论中外合作办学这一新模式对教育国际化的启示。

## 一、中外合作办学带来学生跨国流动新模式

### （一）全球学生流动特征

#### 1. 欧美地区依然为主要流入地，亚太地区开始成为新的热门

经济合作与发展组织的统计数据显示，2015 年，全球大约有 500 万名学生在其祖国以外的国家接受教育，相比于 10 年之前增长了 67%，其中接受高等教育的留学生人数增长较为明显。以全球接收国际留学生最多的 8 个留学目的国为例，2014 年的总人数比 2013 年增长 6.9%，其接收国际留学生总数达到了 3 123 398人（见表 7－1)。

**表 7－1　全球八大留学目的国国际留学生人数及增长情况**

| 排名 | 国家 | 2013 年（人） | 2014 年（人） | 增长比例（%） |
|---|---|---|---|---|
| 1 | 美国 | 886 052 | 974 926 | 10.0 |
| 2 | 英国 | 481 050 | 493 570 | 2.6 |
| 3 | 中国 | 356 499 | 377 054 | 5.8 |
| 4 | 德国 | 282 201 | 301 350 | 6.8 |
| 5 | 法国 | 295 092 | 298 902 | 1.3 |
| 6 | 澳大利亚 | 247 093 | 269 752 | 9.2 |
| 7 | 加拿大 | 237 635 | 268 659 | 13.1 |
| 8 | 日本 | 135 519 | 139 185 | 2.7 |
| 总计 | | 2 921 141 | 3 123 398 | 6.9 |

资料来源：参见《中国留学发展报告（2016)》。

美国国际教育协会数据显示，国际留学生的分布集聚趋势明显，接收留学生最多的国家仍以发达国家为主，特别是表 7－1 中的 8 个国家，其留学生总数约占全球的 70%。从区域分布来看，北美地区优势地位显著，仅美国和加拿大两国接收的国际留学生人数就可以占到全球总数的 1/3。虽然欧美国家（地区）

在留学市场上始终占据强势地位，但随着亚太、东盟及拉美国家（地区）的不断发展，特别是亚太地区的崛起，欧美的强势地位正在下降，亚洲一些10年前的“冷门留学国家”根据自身优势，实施留学优惠政策，吸引国际学生前往该国学习。

2. STEM为主的应用型学科备受欢迎

全球科技热潮推动了STEM（科学、技术、工程、数学）领域的留学热情，高科技人才短缺也进一步刺激了留学生的专业选择。有研究显示，美国每年只有4万多名电脑专业毕业生，但有400万个与电脑有关的岗位空缺，同时从事电脑行业的薪金报酬也相当可观，10年以来其薪资涨幅达到了26%。相比之下，普通理工类工作薪资涨幅仅为6%。同时，伴随着大数据的发展，统计分析和数据挖掘等专业也越来越热门，2015—2016学年，“数据挖掘工程”成为仅次于“石油工程”的第二高薪专业（见表7-2）。有调查显示，当前美国的数据科学家平均年薪可以达到118 709美元，相关领域的人才还将越来越抢手。麦肯锡研究曾预测，未来，美国将面临数据挖掘和数据分析人才的短缺问题，将有10多万个岗位需要有深入数据分析能力的人才，同时还有100多万个岗位需要懂得大数据分析结果并做出有效决策的管理人员。

**表7-2 毕业生十大高薪专业排行榜**

| 专业 | 年薪（美元） |
| --- | --- |
| 石油工程 | 101 000 |
| 数据挖掘工程 | 71 500 |
| 化学工程 | 69 500 |
| 计算机科学与工程 | 69 100 |
| 计算机工程 | 68 400 |
| 核工程 | 68 200 |
| 系统工程 | 67 100 |
| 电气与计算机工程 | 67 000 |
| 电气工程 | 66 500 |
| 航空工程 | 65 100 |

资料来源：参见《中国留学发展报告（2016）》。

亚洲地区留学生的专业选择进一步强化了该趋势的形成。以美国为例，在美国就读的国际留学生中有将近44%的学生会选择STEM专业，这些学生中约有87%是来自亚洲的留学生：印度居于第一，约有82%的学生选择STEM专业；第二是伊朗，约占 77%；第三则是尼泊尔，约占 58%。上述亚洲国家留学生在专业选择上呈现高度集中化趋势，中国、沙特阿拉伯、韩国等地的赴美留学生在专业选择方面相对多样化，但是 STEM 专业依旧是热门专业，其中中国就有约 12.5 万名留学生就读于 STEM 专业，占留学生总数的 39%。

### 3. 中国的留学生数量与日俱增

自改革开放以来，中国的海外留学生日益占据重要地位。仅 2015 年，中国在海外的留学生人数为 26 万，约占全球总数的 25%，也就是说，“每 4 个国际留学生中就有 1 个中国人”。同时，随着中国对外开放的不断深入以及社会经济的高度发展，来华留学生规模也在不断扩大，留学生总数达 39.76 万，约占全球总数的 8%，中国开始成为新兴的海外留学目的国。相比之下，美国 2015 年在美留学生总数为 120 万，约占全球总数的 24%；而美国出国留学生总数为 32 万左右，约占全球总数的 6%，美国在吸引海外留学生上依然保持着传统优势。但是可以看出，中国已成为出国留学生最多的国家，出国留学生和来华留学生总数超过美国的出国留学生和在美留学生总数，中国留学生的国际流动将影响全球国际态势。

中国留学生占世界留学生总数的 1/4，作为留学生大国影响着国际留学态势，同时通过政府、高校、留学和交换生组织努力提供更多的留学选择和更好的服务吸引学生，并且通过奖学金和更加灵活的资助转移政策减轻学生的留学成本，吸引了各国学生选择来华留学。目前来华留学生主要来源于中国周边国家及美国、法国、德国等经济往来密切的国家，随着“一带一路”倡议的启动，沿线国家来华留学生数量增长明显。2015 年，来华留学生主要来源于 203 个国家（地区），位列前 3 名的分别是韩国、美国、泰国，在前 15 名的来源国家（地区）中，除了韩国、美国、日本、法国、德国，其他均为“一带一路”沿线国家（地区）。从数量来看，生源增长的贡献国主要来自亚洲和非洲国家，增幅分别达 6.5%和 19.47%；在来华留学生人数增长的生源国中，印度、巴基斯坦和哈萨克斯坦属于“一带一路”沿线国家，其来华留学生人数增长快速，幅度超过 10%。来自这些国家的来华留学生，对将来推动“一带一路”沿线的建设和发展都具有重要意义。

与此同时，学成归国留学生总人数明显增加，与出国留学人数的差距呈逐渐缩小趋势。2015 年，留学回国人数达到 40.91 万，比 2014 年增加了 4.43 万人，增长率为 12.14%。2015 年出国留学人数增长率比回国留学人数增长率仅高出不到 2 个百分点，这与 2001 年两者人数之差形成了鲜明的对比，2001 年出国留学人数增长率为 115.38%，留学回国人数增长率为 34.23%，两者之间的差距高达 81 个百分点，是 2015 年该差距的 40 多倍。

### （二）中外合作办学对教育国际化的影响

#### 1. 增加学生定向流动的数量

中外合作办学项目出现前，国内高校学生的国际流动机会较少，集中在研究生层次，除少数几所知名大学以外，本科学生需要学业成绩名次靠前才能获得机会。同时，受限于我国高等教育的发展水平，学生可以交流的国家和学校与其所在学校的地位密切相关，重点高校的学生访学机会要多于普通学校，东部沿海地区高校的机会多于内陆地区。中外合作办学项目的实施有效改善了这一状况，扩大了学生国际流动的规模特别是定点访学的学生数量。中外合作办学的学制通常采用“1＋3”“2＋2”“1＋2＋1”等模式，即学生在本科 4 年的学习中有 1～3 年的时间可以在国外合作高校进行学习与生活，而且只要是项目内的学生均可以获得这样的机会。另外，中外合作办学项目在各个层次的高校中均有实施，有效打破了原来交流资源过度集中于名校及发达国家高校的局面，增加了学生进行国际交流的机会。目前，我国中外合作办学涉及的外方学校所属国家（地区）分布相当广泛，涵盖 4 大洲的 29 个国家（地区），其中 60%的项目与欧美发达国家的高校共同举办，超半数以上的学生可以享受欧美发达国家的教育资源。

#### 2. 学生流动模式的创新

中外合作办学不仅推动了学生国际流动数量的增加，更扩大了学生流动范围。选择中外合作办学的学生在完成学业之后，大多数会选择在国外继续深造，而他们深造的选择范围进一步扩大，不会仅限于其本科期间就读的外方学校。以西交利物浦大学 2016 年的毕业生为例，当年毕业本科生 1 982 人，其中 1 620 人选择海外升学，约占总数的 82%，升学的国家（地区）趋于多元，包括英国、澳大利亚、美国、加拿大、新加坡、法国、荷兰等，虽然赴英国深造的学生依然居于榜首，但比例正在逐年下降，已由 2015 年的 64.92%下降至 61.28%。

同时，中外合作办学也创新了学生国际流动的模式。在原有的模式中，学生在读期间通常只能定向流动到合作的外方学校，但是中外合作大学的出现开始突破这一传统模式。由于其独立法人地位的特殊性，这类学校积极拓展外部交流范围，开始发展除举办学校之外的外部合作关系，与其他高校积极开展交流与合作，拓宽学生在读期间交流的范围，如西交利物浦大学的三校联盟体系形成了一个集多方优质资源于一体的国际化合作平台，通过这个国际学术网络，为学生提供更多的机会前往国外合作方继续深造，包括1～2学期的交换项目和短期的暑期项目（见表7-3）。不仅如此，中外合作大学也借助外方合作学校的先天优势，为在读学生提供多样化的交流选择机会。以上海纽约大学为例，其外方合作学校纽约大学在全球设有20多个教学点，作为纽约大学全球教育体系中的一员，上海纽约大学的所有学生均可在大三起前往纽约大学全球教育体系中的其他校园和学习中心学习，大四再回到上海完成学业。学生可以选择前往位于纽约、阿布扎比的校园以及位于阿克拉、柏林、布宜诺斯艾利斯、佛罗伦萨、伦敦、马德里、巴黎、布拉格、悉尼、特拉维夫、华盛顿特区等11个城市的海外学习中心。

**表7-3　西交利物浦大学海外交流项目概览**

| 交换项目（学生可选择西交利物浦大学与世界名校间的交换项目，这类项目面向本科三年级学生，通常为期1～2个学期，学分可计入西交利物浦大学和利物浦大学学位学分） | | 暑期项目（针对本科生和研究生提供多个学科的短期暑假课程，这些课程不计入学分） | |
|---|---|---|---|
| 国家 | 学校 | 国家 | 学校 |
| 英国 | 利兹大学：<br>• 土木工程专业<br>• 生物科学专业 | 加拿大 | • 蒙特利尔高等商学院<br>• 江苏-安大略省学生交流会：圭尔夫大学<br>• 江苏-安大略省学生交流会：渥太华大学<br>• 江苏-安大略省学生交流会：滑铁卢大学<br>• 江苏-安大略省学生交流会：约克大学 |
| 荷兰 | 格罗宁根大学：<br>• 经济学专业 | 德国 | • 中欧国际暑期学校：柏林自由大学 |

续前表

<table>
<tr><th>国家</th><th>学校</th><th>国家</th><th>学校</th></tr>
<tr><td>加拿大</td><td>蒙特利尔高等商学院：<br>•工商管理专业</td><td>爱尔兰</td><td>•都柏林圣三一学院：艺术与设计历史暑期学校<br>•都柏林圣三一学院：国际拜占庭希腊语暑期学校</td></tr>
<tr><td rowspan="7">意大利</td><td rowspan="7">都灵理工大学：<br>•建筑学</td><td>意大利</td><td>•威尼斯大学<br>•中欧国际暑期学校：路易斯大学商学院<br>•都灵理工大学<br>•米兰圣心天主教大学</td></tr>
<tr><td>韩国</td><td>•汉阳大学<br>•成均馆大学</td></tr>
<tr><td>荷兰</td><td>•海牙大学<br>•格罗宁根大学<br>•乌得勒支大学</td></tr>
<tr><td>波兰</td><td>•克拉科夫 AGH 科技大学</td></tr>
<tr><td>英国</td><td>•牛津大学赫特福德学院<br>•海外学习基金会：伦敦大学学院<br>•利兹大学<br>•利物浦大学</td></tr>
<tr><td>美国</td><td>•海外学习基金会：加州大学伯克利分校<br>•海外学习基金会：加州大学洛杉矶分校</td></tr>
</table>

### 3. 吸引国际留学生

中外合作办学不仅有效推动了国内学生向国际流动，更促进了来华留学事业的良好发展。其中，中外合作大学贡献卓著，它们不仅输送学生到外方合作学校进行学习，也为外方学校的学生提供交流访学的机会，每年都有为数不少的外方合作学校在校学生前来中国访学交流。同时，中外合作大学均向国际留学生提供招生名额和计划，每年吸引的留学生占当年本校学生总数的 20%～50%。以上海纽约大学为例，该校每届学生中的国外学生和中国学生约各占一半，构成一个真正国际化、多元化的学生群体。国际学生来自美国、加拿大、墨西哥、委内瑞拉、智利、英国、西班牙、法国、德国、匈牙利、波兰、俄罗斯、摩洛哥、乌干达、土耳其、巴基斯坦、印度、新加坡、澳大利亚等 70 个国家（地区）；中国学生来自北京、上海、江苏、四川、山东、福建、广东、新疆、内蒙古、黑龙江、广西、云南等。每位学生均有至少一名来自不同文化背景的室友。2017 年学校计划招收 350 名学生，其中国际学生 174 名、中国学生 176 名。

#### 4. 国际教育资源流动的新模式

教育的国际化主要指教育资源在全球范围内的流动，最早的国际化探讨的主要是学生和教员的流动以及特定教育资源特别是学分的共享，过去几十年甚至直到今天，国际化很大的一部分在探讨如何更好地实现跨校学分互认，从而能够促进学生的流动。中外合作办学模式则展现了一种全新的国际化理念，通过“2＋2”“3＋1”等模式使国内学生定向流动，吸引更多的国外留学生赴华留学，增加短期访学的频次，更突破时间与空间上的限制，开展了学位框架内的合作，使得学生不用走出国门即可享受国际优质教育资源，并在毕业时同时获得国内学位与国外学位。自中世纪以来，高等教育的出现便带有鲜明的国际化特征，来自各地的教师行会与学生行会组成的学术组织在欧洲大陆不断迁徙发展，促进了知识的传播与交流，这种人员流动的国际教育与合作模式延续了几百年之久，而中外合作办学的出现则是对这一传统模式的有力更新，在人员流动的基础上实现了高等教育要素的全球流动，突破了原有的时间、空间与地域上的限制，让更多的学生可以以便捷的方式享受国际优质教育资源。

更为重要的是，学生并不必从一国流动到另一国，就可以接受符合另一国标准的教育并获得学位，这实际上打破了传统的国际化研究和实践中把学生流动作为核心要素的框架，通过学位体系的互通互认，实现了学生不流动就能接受国际教育的目标。这种创新使得国际化的目标不再是追求学生的流动，而是实现教育最核心的资源即学位体系在不同国家和文化中共享，从而促进教育资源真正的国际化。从这个意义上说，中外合作办学是教育国际化一种全新的模式，也是更触及国际化本质的一次跃进。

## 二、中外合作办学对多元教育文化和模式的整合

### （一）对传统国际化模式的补充

跨国高等教育的实施通常伴随着文化输入与文化输出的出现，通常而言文化输出方一般以发达国家为主，在办学中也常常居于强势和主导地位，决定所办院校的模式、课程和项目内容等，其办学的主要动机是品牌宣传和营利；文化输入方则更多的是发展中国家，它们的办学目的主要是满足国内的高等教育需求，提升教育层次，增强教育系统的多样性。然而，这却进一步加剧了发达国家和发展中国家的对立，发展中国家担心文化输入的深入将最终影响到国际主权独立，发达国家则担心过度的文化输出使其丧失民族文化特色，进而提出本土化的文化理论以抗衡国际化，教育国际化与本土化的矛盾冲突日益明显。

然而，国际化与本土化并不是两种相互独立的现象，而是相伴相生的。两者可以理解为一个过程的两个方面，是互为表里的关系，本土化是国际化的出发点和归宿，国际化则是本土文化向世界延伸的必然途径。跨境高等教育为国际化与本土化的相生相容提供了天然平台，就其自身而言是各国实现高等教育国际化的重要战略，从其实践而言是不同国家教育为适应本土需求而进行的高等教育国际化的探索过程。中外合作办学作为其中的特殊表现形式之一，其发展中自然也综合着这两种发展趋势。中外合作办学的存在正是国际化与本土化相互作用的产物，有效弥补了传统文化输入与输出造成的不足。对于中国高等教育而言，全球化发展的趋势和国民日益增长的国际教育需求推动着国际化的发展，然而现实中资源的短缺和教育体制的桎梏却限制了高等教育的国际化进程，使其发展相对缓慢。此时引进国外教育资源不失为一条捷径，既可以弥补资源短缺的现状又可以及时满足国民需求，加速高等教育国际化的发展进程。同时，全盘移植国外教育模式并不可行，各国的教育模式都是深植于本国社会发展与文化之中，若“全盘西化”必会对中国的教育主权和民族文化造成冲击，必须对其实施本土化改造，通过融合中国高等教育的传统特征，方能适应中国教育发展的现实状况，从而真正满足教育主体的本土需求。因此，中外合作办学的开展可有效地平衡国际化发展和本土化要求之间的矛盾，而合作的最终目的则指向探索基于中国本土实践的高等教育国际化发展新路径，并为中国实现全球化竞争提供国际化人才资源基础。

### （二）开创新的教育国际化模式

中外合作办学不仅对传统文化模式进行了补充，更通过自身实践特别是中外合作大学的人才培养开创了文化融合的新兴模式。在人才培养目标的设立上，中外合作大学已经不再满足于培养单一的本土人才，而是指向世界公民的育人目标，世界公民的培养不仅需要实现学生的国际化能力与素质的提升，还须使学生具备国际视野，尊重民族与文化多样性，基于国家公民的身份认同去建构全球公民身份。如西交利物浦大学正是以世界公民为目标，通过社会实践强化学生社会责任与公民身份，结合国际化的教育氛围拓宽学生的全球视野，从而使学生增进全球认知而去关注人类面临的共同问题，明确全球义务与责任。在人才培养的过程中，学校充分利用外方母校的国际资源优势，借鉴国际化的教育理念，创设国际化的教学环境，设置国际化的课程，引入国际化的评价标准，实行全英文教学，全面突显国际化的培养特色；同时，考虑到中国高等教育发展的现状和体制要求，实现了国外通识教育与国内思想政治教育的有效融合；为适应国内教育主体的现实需求，改造英语语言课程并增设了弘扬中国传统文化的校本课程。在人才培养结果上，中外合作大学的学生培养质量获得世界范围的认可，毕业生展现了国际视野和较强的竞争力，每年升入国外大学甚至世界名校的比例非常高，由于在国内就读期间形成的身份认同，这类学生多数选择返回国内就业，有效避免了人才外流的情况，真正实现了服务中国本土发展的国际化人才培养；另外，研究发现，直接就业的毕业生数逐年升高，国际与本土相融合的培养方式使他们在国内就业市场的竞争力逐步提升，因为他们不仅具有国际化的能力与素质，更对中国本土有着较为清晰的认知，可以更好地满足国内市场和国际市场的战略需求。

## 三、成功的国际合作五星模式

中外合作办学的实践为国际合作的深入开展提供了平台和空间，中外合作大学的持续发展和成功需要一套系统的模式和体系，其核心要素包括：“有远见和可持续发展的商业发展模式”，而该模式的关键要素则包括认可和共享的愿景和使命、治理结构和相关利益者联盟、跨文化领导力和管理系统、战略谋划与成功战斗以及长期持续的坚韧努力。下面将结合西交利物浦大学的具体办学实践，分析成功国际合作五星模式的关键要素。

### （一）认可和共享的愿景和使命

一个吸引人的愿景和使命，是中外合作大学能够成功的前提。中外合作大学作为一类新的高等教育机构，能够抛开历史包袱，在这个充满变化的时代更好地抓住信息化和人工智能等新技术革命带给高等教育的新机遇。同时，中外合作办学由于天生具有融合中西方先进办学理念和资源的特性，更加具有创新的能力和空间。这并不是说中外合作大学就一定能抓住新时代的机遇，这一切的发生，依赖于每一所中外合作大学所有成员的通力合作，而这种合作并不容易发生。因为中外合作大学的成员一部分来自传统的高校，对于这部分成员，如何突破传统的教育观念并在新的环境中创造新的实践，有着巨大的挑战。中外合作大学中的国际职员也是一大特色，但是，不同的国际职员，对教育有着多元的理解，如何才能统一认识，形成合力，也是一大挑战。

要解决这些挑战，最重要的就是要提出一个吸引人的愿景和使命。一个吸引人的愿景和使命，是汇聚高端人才的源泉。例如西交利物浦大学确定自身愿景为“研究导向、独具特色、世界认可的中国大学和中国土地上的国际大学”，学校在人员招聘过程中，发现很多人希望加入西交利物浦大学的一个重要原因就是为这一愿景所吸引。同时，一个吸引人的愿景和使命也是凝心聚力的源泉。例如在西交利物浦大学，尽管每个人对什么是符合未来需求的大学有自己的看法，但是，当学校经过讨论形成这一愿景后，所有的讨论就会基于这一愿景确定的方向展开，学校的愿景实际上很好地发挥了引导所有人朝着一个方向努力的作用。

愿景制定之后还需要注重共享。只有大学里所有人都知道的愿景才是对实践有价值的愿景。愿景不是口号，而是行动指南。这就需要大学重视日常沟通机制，让大学里的所有人都有机会参与到大学的讨论之中，同时，也能够创造机会引导大学成员思考自身与愿景的关系。例如，每位员工加入西交利物浦大学时，都会邀请学校领导介绍学校的愿景和使命，同时行政员工还需要在入职6个月内提交一篇题为“西交利物浦大学的愿景使命与我”的文章，文章需要详细阐述自己对西交利物浦大学愿景的理解、自身的岗位对愿景而言的价值，以及自己在工作中将如何助力于愿景的实现等。

### （二）治理结构和相关利益者联盟

从内涵角度看，治理着眼于各相关利益者之间权责利的划分、制衡以及相关利益者对事务的参与和协同；管理是在特定治理模式下，管理者为实现目标而采取的行动，治理必然含有共治的要求。完善高校内部治理结构的一个本质要求，就是要完善高校的共治。高校内部分权共治的实现，需要厘清和平衡各相关利益者之间的权责关系，也有赖于管理体制与机制的健全。

根据《中外合作办学条例》等国家法律法规的规定，西交利物浦大学实行董事会领导下的执行校长负责制，由两所合作学校代表共同组成董事会，董事会负责学校的战略、财务和高管任命等事务，日常管理则主要由执行校长为首的高管团队负责，董事会和高管团队之间的分工明确。

同时，西交利物浦大学在探索中致力于搭建一种鼓励相关利益者广泛参与的治理框架，西交利物浦大学视大学为学术共同体，大学的价值在于提供一个平台和一种氛围，让全社会对学术和育人感兴趣的个体与组织可以轻松地在这个大学的平台上实现自己的梦想，发挥自我价值。为实现这一目标，西交利物浦大学特别重视和所有相关利益者之间的互动共赢。首先，与传统的学校相关利益者（董事会、教师、政府）建立了良好的共赢平台，合作双方承诺不直接干预学校办学，同意实施董事会领导下的执行校长负责制，合作双方还承诺不从办学收入中获利，将所有收入用于继续办学；苏州市政府特别是独墅湖科教创新区对学校办学给予全面支持，在校舍、实验室以及资金方面提供了多种支持；教师则通过成立学术委员会，负责全校所有学术制度的制定和审批。不仅如此，西交利物浦大学还探索性地和家长、社会精英人士、工业界建立了有效的互动机制和共赢平台，家长广泛参与到学校的各类办学活动中，社会精英人士则受邀担任学校的校外导师，为学生的职业发展提供指导与帮助，成立发展咨询委员会且由知名企业界人士担任要职，旨在对学校的教学管理、人才培养等提出建议，帮助学校改进和提高教学管理水平。正是在与这些相关利益者的不断互动中，西交利物浦大学赢得了董事会的信心与支持，受到了教育部与省教育厅的关心，获得了来自家长、学生、员工以及社会的支持，成功建立了开放、共赢的良好治理格局。

### （三）跨文化领导力和管理系统

增进跨文化理解对国际合作的开展至关重要，在日常工作沟通中需要贯彻跨文化的沟通原则：首先是“求同存异”，了解并尊重文化差异，在碰到意见不一致时以学校利益和工作目标为出发点；其次是“提前告知”，安排会议、访问至少提前一个星期通知，重要活动提前1～3个月安排，每学期制作重要会议日历，发送日程邀请；再次是“做好规划”，涉及国际员工与合作者的项目提前做好项目规划，制定时间节点，按时按质实施，工作上尽量分工明确、不越权；最后是“守时”，会议与活动准时参加，不迟到不早退，如因故不能参加应提前书面告知。学校的管理技术、员工行为规范都是基本的跨文化领导和沟通机制。

### （四）战略谋划与成功战斗

战略谋划是实现组织目标的重要手段。在中外合作办学中，战略谋划将帮助团队成员更好地明确自身职责以及未来的努力方向，加强不同文化成员之间的理解与沟通，促使他们为了共同的目标而努力奋斗。作为中外合作大学，清晰的愿景和长期可持续的发展战略是其健康发展的基石。

西交利物浦大学在规划长期的生存模式时，既考虑整合全球教育的优势、未来发展趋势，也考虑中国市场和国际需求，以确保长期的发展空间。同时，西交利物浦大学也会按照时间发展分别设定不同的规划，既有指导宏观发展方向的5年、10年规划，又有侧重短期目标的1年、3年战略，战略与规划一经董事会讨论通过便会在全校公开，以期获得全体成员的共同认可。同时，西交利物浦大学也将每年的战略与规划公布在学校的官网上，由社会各界人士共同见证战略的实施和事业的成功（见图7-1）。

成功的战略谋划离不开有效的实施与执行，需要合作双方以及全体成员的共同奋斗，以成功的战斗应对发展路上的各种挑战。西交利物浦大学建校以来，依托出色的战略规划和有力的执行，解决了办学过程中遇到的各种困难，终于取得今日的成就与辉煌。10年间，西交利物浦大学先后完成“本科学生培养”“研究生教育”“南北校区建设”“成立附属学校”“本科生自主招生”等一系列战略目标（见表7-4），成长为中外合作大学与国际教育合作的典型示范。

**图 7-1　西交利物浦大学年度大学发展战略研讨会**

**表 7-4　西交利物浦大学 10 年大事记**

| 年份 | 事件 |
|---|---|
| 2004 | 西安交通大学与利物浦大学签订协议合作成立西交利物浦大学（国际） |
| 2005 | 教育部批准筹建西交利物浦大学 |
| 2006 | 5 月，西交利物浦大学正式揭牌成立<br>9 月，西交利物浦大学迎来首届本科生 160 余名 |
| 2007 | 9 月，西交利物浦大学招收第二届本科生 570 余名 |
| 2008 | 8 月，中国著名管理学家、西安交通大学原副校长席酉民教授出任西交利物浦大学执行校长。<br>9 月，西交利物浦大学招收第三届本科生 730 余名 |
| 2009 | 9 月，西交利物浦大学招收第四届本科生 1 000 余名 |
| 2010 | 8 月，西交利物浦大学首届本科生毕业，97%的毕业生赴海外攻读硕博士学位，其中 10%的毕业生就读世界十大名校（据英国《泰晤士报》2010 年排名）<br>9 月，西交利物浦大学招收第五届本科生 1 700 余名，其中 50 余名为国际学生<br>10 月，西交利物浦大学获准授予利物浦大学研究生学位 |
| 2011 | 6 月，西交利物浦大学科研发展基金启动，首批基金共计 600 万元<br>7 月，西交利物浦大学举行五周年庆典，西交利物浦大学教育发展基金会揭牌成立<br>7 月，西交利物浦大学举行第二届本科生毕业典礼，513 名毕业生中近 90%的毕业生进入世界知名高校攻读硕博士学位<br>8 月，西交利物浦大学招收第六届本科生 2 200 余名 |

续前表

| 年份 | 事件 |
|---|---|
| 2012 | 7月，西交利物浦大学第三届649名学生顺利毕业，其中31%的毕业生获得一等荣誉学士学位，超过80%的毕业生前往世界知名大学深造<br>8月，西交利物浦大学招收第七届本科生2 200余名 |
| 2013 | 6月，来自电气与电子工程系的程适完成论文答辩，成为西交利物浦大学和利物浦大学合作培养的第一位博士研究生 |
| 2014 | 4月，西交利物浦大学启动自主招生<br>6月，中外合作大学联盟在西交利物浦大学宣布成立。昆山杜克大学、宁波诺丁汉大学、上海纽约大学、温州肯恩大学、西交利物浦大学、香港中文大学（深圳）等6所具有独立法人资格的中外合作大学组成联盟第一届理事会 |
| 2015 | 5月，西交利物浦大学附属学校成立<br>7月，西交利物浦大学与苏州工业园区签署合作协议，共建科技创新平台 |

### （五）长期持续的坚韧努力

任何事业的成功都不可能一蹴而就，需要经历一个长期复杂的过程，对于国际合作而言更是如此。国际合作要想实现成功，需要直面合作过程中出现的各种挑战和问题，并对未来的挑战有清楚的认知，这就需要全体成员坚持不懈的努力和奋斗。建校伊始，西交利物浦大学还只是一所“只有一栋楼”的大学，那时，全校员工仅有不足200人，在国内高校领域尚没有立足之地。今天，西交利物浦大学已经发展成为一个万人级的大学社区，成为中国土地上的一所饱受赞誉和认同的国际大学，成为中国高等教育领域一道亮丽的风景线。

这是一个不断迎接挑战和伴随成长的历程，西交利物浦大学全体成员长期持续的坚韧努力造就了今日的辉煌。尽管过程坎坷，但最终达成的结果令人欣慰。中外合作办学的未来发展并不会一帆风顺，但可以预期这将是一股冲击高等教育领域的新兴力量，所有的成员为了这一愿景和使命需要长期坚守和付出。

## 四、为高等教育打开通向未来之门

本书前六章着重讨论了中外合作办学的影响。本节将前六章的内容进一步总结并整合为五个方面，认为中外合作办学的新理念、新实践让我们从知识结构、能力结构、大学使命、教育教学和大学结构五个方面看到了世界高等教育未来的影子。

未来的大学应该怎样去培养学生？现在教育界流传一个笑话：当我们碰到一个学生，如果这个学生说自己什么都懂，他（她）可能是本科生；如果这个学生说“我有一些东西不懂”，这个学生可能是研究生；如果这个学生说“我很多东西都不懂”，这个学生可能是博士生。这句话的意思是，现在学生可能会很容易通过谷歌、百度去获得他想获得的知识，自觉无所不知，但是我们发现，很多学生什么都懂，但什么都做不了。从知识的角度看，现在学生的知识结构和 30 年以前相比，已经大不相同。

大学要培养的人才应该具备什么样的知识结构？2014 年，美国哈佛大学克里斯滕森教授做过一个预测，他说未来 15 年之内，美国大学之中有一半可能会面临破产。为什么会这样？主要还是因为大学帮助学生搭建和完善知识结构的功能正在弱化。而与此同时，互联网正在发挥越来越重要的作用。

大量的网络教育会颠覆传统的教育和课堂。现在传统的课堂有多少学生认真听课？如果学生上课纯粹是为了签到得学分，仅仅是为了得到一张毕业证书，那么大学的意义和价值就变成了一张纸，实际上学生没有得到能力和素养等方面的提升。

所以，网终教育对大学有很大的冲击。假设政府或者社会认可网上修到的学分，学生可以随时随地学习，市场上就会出现很多公司投入巨资建立网课，大学就很难跟一个投入巨资建立网课的公司竞争。如果大量的网课公司出现，那么大学就要重新定义其存在的价值。

笔者的观点是，如果大学还是依然以传统方法传授知识，那么它完全会被某种新的教育方式打败。大学生存的关键在于思考怎样建设未来的大学，反思未来的实体大学存在的价值是什么。这是我们教育工作者要认真研究的问题。接下来我们从几个方面看看未来的大学应该是什么样的（见图 7-2）。

### （一）从知识结构看未来的大学：知识的广度、深度和高度

有教育专家认为，现在的学生缺乏的是知识的广度；笔者认为，现在知识的广度问题相对容易解决，几乎所有的人不懂的时候都可以用网络得

**图 7-2　西交利物浦大学高等教育国际化论坛**

到他想要的知识。但是除了知识的广度以外，我们现在需要提升的是知识的深度，大学教育如何使学习者获得知识的深度，这是未来应该思考的一个问题。

除了知识的深度以外，还有知识的高度，在未来社会，学校要防止学生变成“知道分子”，即什么都懂但什么都不会干。我们需要提高的是学生知识的深度和知识的高度，最后成为一种有造诣的人，笔者觉得这是大学特别是实体大学一个很重要的任务。在这种情况下，学校需要彻底的变革，特别是现在大学僵化的体系必须进行改革，那怎么进行改革呢？现代教育都是以专业化教育为基础的，基本上都是把教育分成很多专业。教育分成不同的专业对于职业训练来讲是很有意义的，但是对于一个迎接未来日益多变的社会、让学生有极强适应性的教育是不够的，所以很多学校开始尝试整合、模块化、跨学科。

### （二）从能力结构变化看未来的大学：融合式教育

模块化和跨学科依然无法让学生面对未来的竞争，原因是未来的学生所需要的一些基本技能在校园里缺乏有效的训练，比如领导技能、沟通技能、合作技能，除了西交利物浦大学国际商学院的学生有机会正式去学习这些技能，其他专业的学生几乎没有时间去学习，但不管将来是做科学家、创业家还是其他工作者，都需要这些技能。要具备这些能力仅有跨专业背景是不够的，还需要跨越专业的教育体系。西交利物浦大学提出的融合式教育就是应对这一要求的教育体系。

融合式教育提出的教育模式、组织模式、学位设置、培养环节、教学方式、就业支持等方面的深度融合所瞄准的核心目标，就是希望培养在人工智能时代创造新行业或者改造已有行业的高端精英。这类人才需要站在人工智能的肩膀上，洞悉所在行业的挑战和机遇，从而创造新事物。

### （三）从大学使命看未来的大学：培养学生的四种能力

再看看未来的学生会在什么样的环境中生存：第一是全球化，第二是互联时代，第三是多元文化，第四是快速变化。在这样的环境下，什么样的人才能够生存？大学培养的学生应该成为什么样的人才能够在这样的环境下生存，这是教育者需要考虑的。从学校的角度理解，西交利物浦大学认为我们应该培养未来的世界公民。世界公民要有全球视野，因为他要在全球市场上竞争。那什么样的人才能成为这样的人？他必须有跨文化的领导力，至少应该有四个方面的基本能力。

第一是跨文化的理解力。第二是一种复杂的心态。我们过去训练人的时候基本上是科学的心态、科学理性的分析，但是现实社会的复杂，让人必须有除了科学以外的对人的理解。比如，不同民族之间的互融不是简单的科学理性，而是需要考虑人的问题，所以融合了一种复杂的心态。第三是整合思维。比如西方的分析哲学和东方的整合哲学如何有效结合。第四是变革管理。我们现在天天面对变革，你怎样才能不惧怕变化而是拥抱变化？所以，变革管理也很重要。

面对这样一种需求再去想想传统的教育，我们必然面临一个挑战，就是再定义大学、反思教育、重塑教学。从大学使命来看我们培养什么样的人、怎样培养人，我们就会感觉到肩上的担子非常重，因为现在的大学教育已经跟不上时代的需求。

### （四）从教育教学看未来的大学：研究导向型教育

从教学来看，传统的教育是教师在上面讲，学生在下面听，教师把一门课分成很多知识点，教师在考试的时候划重点，学生背重点，学生考完试就忘重点。然而，这不是我们想要的教育。笔者一直对学生和家长说，大学不是学知识的地方，学知识是一个过程、一个手段，大学是让学生成长的地方。什么是成长？成长是能力，是价值观念的转变，是学生行为的改变。过去传统的方法是灌输，传统时代知识的共享很难，那个时候人们惧怕无知，所以才出现了知识灌输的方法。知识灌输的方法使我们永远假定让学生成为一个海绵，吸收更多的知识，教师教更多的知识，但是现在时代已经变了。在这种情况下对学生的挑战是知识太多了，天天迎面扑来各种各样的信息，让学生不知所措。学生看到微信上一些东西，都会问："这是真的吗?"现在学生不是无知，而是淹没在太多知识中不知如何保持清醒。在这种情况下教育应该怎么做？未来网络和学校都是学习平台，各种各样的资源都可以整合到平台上来。西交利物浦大学现在探索研究导向型教育，提倡的是以问题为导向引导学生学习，在这个学习过程中，学生不仅学到了知识，还学会了如何去学习，学会了如何互动，学会了如何用知识破解问题。

研究导向型教育的关键是：第一，改变学生的行为；第二，改变教师的教学方式；第三，构筑学校新的功能。学校是一个资源环境支撑体系，只有这样才能使校园的价值充分释放，才不会被更多的网课公司所打败。西交利物浦大学试图制造一种超越现实的学习环境和研究环境，把线上和线下结合起来，学生要从记忆变成研究，教师要从过去的教书变成现在的引导学生学习，从过去关注教知识到现在关注以新问题、新任务来提醒学生，在这种情况下，学生可以保持好奇心，让学生学会终身学习。学生在这个过程中学会研究问题、整合问题并提升能力。

从学生的行为来看，实际上现在学校给学生安排的基本上是正式学习，但认真研究学生的学习时间，非正式学习时间很多，我们虽有各种各样的大纲和教科书，然而实际上大量的时间更多的是课堂之外的非正式学习（见图 7-3)。在这种情况下我们怎样让正式学习和非正式学习有效结合起来？西交利物浦大学最重要的改变，是要让学生从学知识到成长，这个转变可能是当代教育需要面临的一个非常大的改变。

西交利物浦大学提倡的是帮助学生健康成长，这是学校的教育目标，让学生找到自己的兴趣，而不是家长或者亲戚朋友帮学生选定专业，没有兴趣地去学习。另外，大学是学习的地方，而不是教学生的地方。大学要让学生学会学

图 7-3　寒假社会实践项目颁奖典礼

习，学生是学习的主角，其他人都是帮助学生学习的。西交利物浦大学为了让学生学会学习，致力于帮助他们迅速实现三个方面的转变：从孩子到成年人再到世界公民的转变、从被动学习到主动学习再到研究导向型学习的转变、从盲目到兴趣导向再到人生规划的转变。

要做到这些转变非常不容易，需要从学生一入学就开始引导，所以西交利物浦大学成立了一年级教育委员会，整合所有对一年级学生提供支持和服务的部门共同研究如何帮助学生实现这三个转变，包括学生工作、四个导师体系、社团工作等。要真正实现这些转变，不是增加一门课程，而是改变整个大学的教育理念和文化，让学生一进入大学就会首先得到一种熏陶，从方方面面进行改变。

### （五）从大学结构看未来的大学：网络大学及其基本特征

现在大学的结构基本上是科层制，这种结构模式来自工业革命以来的工厂，教育组织中的人认为这种结构并不符合大学这样的知识组织的运转，全世界的大学都在试图改变它，例如提出矩阵制等新的结构模式，但是真正做到很难。随着互联网技术的发展，大学有机会真正追随自己的使命，改进其结构。例如，西交利物浦大学现在探索的是网络化的大学平台，西交利物浦大学所有的行政事务由四个中心形成无缝连接的平台来为所有的学生和学术事务提供支持和服务，让教师和学生在这个平台上自由组合、互动、合作。学校关注的是学术共同体，形成的是一种以学生为中心、以研究为导向的学习，在研究上鼓励教师的互动、跨院系的全面合作，所以打破了院系分割的条块状架构，是完全网状化的组织架构。现在网络社会倡导的大学结构实际上是扁平和网状的，因为网络可以并行，可以整合资源、快速应对需求。

# ◎ 参考文献

教育部．中外合作办学发展进入质量提升新阶段．[2015-09-10]. http://www.moe.gov.cn/jyb_xwfb/s3165/201412/t20141208_180487.html.

南京大学-约翰斯·霍普金斯大学中美文化研究中心简介．[2015-09-10]. http://hnchome.nju.edu.cn/10603/list.htm.

马燕生，江洋，柯常青．欧盟如何落实2020教育目标．中国教育报，2011-08-02.

席酉民，郭菊娥，李怀祖．中国大学国际化发展特色与策略研究．北京：中国人民大学出版社，2010.

陈宝泉．高校科技创新实力如何更上层楼．中国教育报，2010-02-04.

杨德广．经济全球化与教育国际化．上海交通大学学报，2001，9(4).

牟阳春．中国教育年鉴．北京：人民教育出版社，2008.

王辉耀．人才战争．北京：中信出版社，2009.

野中郁次郎，竹内高弘．知识创新型企业．牛津：牛津大学出版社，1995.

林金辉，傅国华．中外合作办学与高水平大学建设．厦门：厦门大学出版社，2013.

全国高等学校城市规划专业指导委员会，武汉大学城市设计学院．人文规划　创意转型：2012全国高等学校城市规划专业指导委员会年会论文集．北京：中国建筑工业出版社，2012.

国家中长期教育改革和发展规划纲要（2010—2020年）．教育部官网，2010-07-29.

朱高峰．试论素质教育．高等工程教育研究，2009(1).

《中国高教研究》编辑部．贯彻落实《教育规划纲要》大力推进文化素质教育：高等教育文化素质教育开展15周年纪念大会讲话摘编．中国高教研究，2011(1).

眭依凡．素质教育：高校人才培养体系的重构．中国高等教育，2010（9）．

苏君阳．高校实施素质教育的阻滞因素与误区分析．中国高等教育，2010（7）．

薛焕玉．对学习共同体理论与实践的初探．中国地质大学学报（社会科学版），2007（1）．

王义遒．文化素质教育与通识教育关系的再认识．北京大学教育评论，2009，7（3）．

席酉民，郭菊娥，李怀祖．现代大学功能和创新文化研究．北京：中国人民大学出版社，2008.

刘向兵，李立国．高等学校实施战略管理的理论探讨．中国人民大学学报，2004（5）．

刘献君．大学校长与战略：我国大学战略管理中需要研究的几个问题．高等教育研究，2006（6）．

张晓军，席酉民．我国高校科研管理的问题与改革建议：基于资源配置的视角．科学学与科学技术管理，2011，32（7）．

黄达人．大学科研管理中的差异性问题．中山大学学报（社会科学版），2004（6）．

秦小云，别敦荣．论我国大学教学管理制度的人文关怀诉求．高等教育研究，2005（9）．

郭冬生．论大学教学管理制度蕴含的基本矛盾及其协调．江苏高教，2004（6）．

周湘林．试论中外高校学生自治权的来源与依据．复旦教育论坛，2008（6）．

侯书栋，吴克禄．高校学生管理中的正当程序．中国教育法制评论，2004（5）．

李怀祖，席酉民，郭菊娥．构建孕育创新人才的大学学术文化．西安交通大学学报（社会科学版），2009，29（2）．

席酉民，张晓军，李怀祖．改善党委领导下校长负责制管理有效性的建议．高教探索，2011（4）．

席酉民，张晓军．从不确定性看管理研究逻辑及和谐管理理论的启示．管理学报，2010，7（1）．

席酉民，葛京．和谐管理理论．西安：西安交通大学出版社，2006.

别敦荣，孟凡．论学生评教及高校教学质量保障体系的改善．高等教育研究，2007（12）．

田建荣，马莹．高校学业考试现状与高校教学质量保障的基本途径分析．高等教育研究，2009（3）．

杨继霞．英国高等教育质量保障体系的发展历程及思考．国家教育行政学院学报，2005（8）．

黄宇，李睿．英国高等教育质量保障体系述评．高等教育研究，2006（2）．

金顶兵．英国高等教育评估与质量保障机制：经验与启示．教育研究，2005（1）．

唐亚阳．英国大学质量保证体系中学生参与情况：以爱丁堡大学为例．高校辅导员，2011（6）．

长城企业战略研究所．硅谷创新生态的构成及基本规律．新材料产业，2016（3）．

冉奥博，刘云．创新生态系统结构、特征与模式研究．科技管理研究，2014（23）．

埃斯特琳．美国创新在衰退？．北京：机械工业出版社，2010.

傅羿芳，朱斌．高科技产业集群持续创新生态体系研究．科学学研究，2004，22（z1）．

阎光才．斯坦福的硅谷与硅谷中的斯坦福．教育发展研究，2003，23（9）．

王缉慈．关于北京中关村发展模式的深层思考．北京联合大学学报，2000（1）．

汤海孺．创新生态系统与创新空间研究：以杭州为例．城市规划，2015（s1）．

赵大生．苏州工业园区开发建设中的国际化进程．华东经济管理，1995（6）．

莱文．通识教育在中国教育发展中的角色．国家教育行政学院学报，2010（7）．

纽曼．大学的理想．杭州：浙江教育出版社，2001.

PARRY M. Tomorrow's college. ［2010 - 10 - 31］. http：//chronicle. com/article/tomorrows-college/125120/.

MILLER A，SHARP J，STRONG J. What is research-led teaching? multi-disciplinary perspective. London：CREST，2012.

BARNETT R. Reshaping the university：new relationships between research，scholarship and teaching. Maidenhead：Open University Press，2005.

DEWEY J. Experience and education. New York：Macmillan，1938.

LAWTON D，GORDON P. A history of western educational ideas. London：Woburn Press，2002.

BROWN J S，PAUL D. Mysteries of region：knowledge dynamics in silicon valley // CHONG-MOON L. The silicon valley edge. California：Stanford University Press，2000.

# ◎后　　记

当前，国家把振兴本科教育作为高等教育改革的首要战略，如何办好本科教育已经成为教育主管部门和高校的头等大事。西交利物浦大学从 2006 年建校伊始，就把本科教育作为办学的核心使命。学校基于国际化的网络平台，融合中国、英国和美国等国家的教育体系优势，始终致力于探索一套符合未来社会需求的国际化的中国本科教育体系。多年来，西交利物浦大学已经探索形成国际化创新型的本科教育体系，这套体系在国家振兴本科教育的多个关键领域已经形成经验。西交利物浦大学还基于自身探索，专门成立了领导与教育前沿院，通过专业团队把这些优秀实践传播和推广到国内各大高校，已经形成广泛的影响力。本书的写作，在一定程度上依赖于领导与教育前沿院在过去 5 年推动国内高等教育改革的实践，这些实践可以简单总结为五大路径，这五大路径实际上也是当前中外合作大学对我国高等教育改革创新影响的一个缩影。

第一，开拓改革热点话题深度研讨的前沿阵地。领导与教育前沿院每年举办一届高等教育创新年会，聚集对教育改革和振兴本科教育感兴趣、有想法和肯实践的高校管理者和教师及国际专家，深入探讨教育改革和创新的前沿话题，以凝聚共识，共创未来。近三届年会有数百所大学的近千人参会。

第二，搭建发掘和推广优秀课程及教学创新案例的开放平台。领导与教育前沿院发起全国大学教学创新大赛，四届比赛已有近 200 所高校的 750 位教师参加，积累了超过 350 个课程和教学创新案例。这一比赛已经在高校教师间形成广泛的影响力，激励着个体教师不断关注和改进自身教学。

第三，打造高校教师队伍建设能力的互助社群。领导与教育前沿院 2019 年已经发起成立高校教师发展中心可持续发展联盟，共有 52 所高校加盟，希望通过合作，帮助所有成员成为有专业人才、有系统项目、有充足资源和有校内教师广泛参与的可持续发展机构。

第四，建设教育领导力及教师教学改革和创新能力提升的培训基地。举办研修培训活动，提升大学领导和管理能力、教师教学改革和创新能力，自 2013 年以来，领导与教育前沿院举办各类培训近百场，共有超过 350 所国内高校的 4 000 多名教职工在西交利物浦大学深度研讨如何提升本科教育，一些学校直接采用了西交利物浦大学的实践模式，有些学校在学习西交利物浦大学实践后开展了系统的本科教育改革并且取得了很好的效果。

第五，开展高校育人体系评估，促进高等教育回归育人根本。领导与教育前沿院推出高校育人体系质量评估及排名，这一排名仅从高校的育人体系质量（育人目标、课堂教学、课外活动、学生成长）出发，针对各高校近年来的教育改革创新方案及实践，采集相关数据进行排名。这一排名的核心理念是希望促进高校管理者更加重视育人在整个大学办学中的基础性地位，同时更好地引导学生、家长和社会客观地看待一所大学的育人体系质量。

笔者相信，中外合作大学的意义，不仅是高等教育的一种新探索，更是我国高等教育内涵式发展的巨大推动力，必将为我国成为高等教育强国贡献自己的力量。

本书还得到教育部国际合作与交流司的立项支持，在此表示诚挚的感谢。

**席西民　张晓军**

图书在版编目（CIP）数据

中外合作办学：高等教育的新探索/席西民主编．--北京：中国人民大学出版社，2020.9
（当代中国教育改革与创新书系/朱永新总主编）
ISBN 978-7-300-28525-2

Ⅰ.①中… Ⅱ.①席… Ⅲ.①高等教育－国际合作－联合办学－研究－中国 Ⅳ.①G649.2

中国版本图书馆CIP数据核字（2020）第165713号

国家出版基金项目
当代中国教育改革与创新书系
总主编 朱永新
**中外合作办学**
高等教育的新探索
席西民 主 编
张晓军 副主编
Zhongwai Hezuo Banxue

| | | | |
|---|---|---|---|
| **出版发行** | 中国人民大学出版社 | | |
| **社　　址** | 北京中关村大街31号 | **邮政编码** | 100080 |
| **电　　话** | 010－62511242（总编室） | | 010－62511770（质管部） |
| | 010－82501766（邮购部） | | 010－62514148（门市部） |
| | 010－62515195（发行公司） | | 010－62515275（盗版举报） |
| **网　　址** | http://www.crup.com.cn | | |
| **经　　销** | 新华书店 | | |
| **印　　刷** | 固安县铭成印刷有限公司 | | |
| **开　　本** | 720 mm×1000 mm　1/16 | **版　　次** | 2020年9月第1版 |
| **印　　张** | 12 插页 1 | **印　　次** | 2024年8月第2次印刷 |
| **字　　数** | 186 000 | **定　　价** | 86.00元 |